「戦争孤児」を生きる

ライフストーリー／沈黙／語りの歴史社会学

土屋 敦
Tsuchiya Atsushi

青弓社

「戦争孤児」を生きる——ライフストーリー／沈黙／語りの歴史社会学

目次

第6章　「戦災孤児」から「戦争孤児」へ——カミングアウトと裁判　203

終章　沈黙と語りの歴史社会学　224

カバー写真――共同通信社提供

装丁――斉藤よしのぶ

はじめに

『火垂るの墓』という映画をご存じだろうか。これは作家の野坂昭如が自らの体験をもとにして書いた短篇小説（野坂昭如『アメリカひじき・火垂るの墓』所収、文藝春秋、一九六八年）を高畑勲が映画化したアニメーションであり、一九八八年にスタジオジブリから世に送り出された。同作品は八九年から二〇一八年にかけて計十三回もテレビで放映された。テレビ放映の多くは八月十五日の終戦の日前後におこなわれたこともあり、戦争を振り返る特集番組の一つとして視聴した経験がある読者も多いだろう。

図1　小説のカバー
（出典：野坂昭如『アメリカひじき・火垂るの墓』〔新潮文庫〕、新潮社、1972年）

この『火垂るの墓』は、兵庫県神戸市の三宮駅などを主要な舞台に、十四歳の清太と四歳の節子の兄妹を主人公に物語が展開していく。清太と節子は一九四五年六月五日の神戸大空襲でB29の爆撃が降り注ぐなか、母と家とを失った。父が軍に召集されて出征していた清太と節子にとって、空襲で母と家を失うことは身寄りがない「戦災孤児」としての生活を強いられることを意味した。

その後、清太と節子は父の親戚の家で生活を送るが、最初のうちは比較的よかった叔母との人間関係が徐々に悪化し、居づらくなった清太と節子は叔母宅を出て、防空壕を寝床に浮浪児としての生活を始める。その後、配給が滞り食料が尽きていくなかで節子は弱り始め、清太は農家の野菜を盗んだり空き家で盗みをはたらいたりしながら食料を必死に集めて節子に与えるが、節子の衰弱は止まらず、結局、敗戦直後の八月二十二日に息を引き取る。その後、清太も防空壕を去って浮浪生活をするようになるが、その清太も徐々に栄養失調に蝕まれてしばらくして亡くなり、神戸三宮駅で寝起きする浮浪児の一人として荼毘に付される。

『「戦争孤児」を生きる――ライフストーリー／沈黙／語りの歴史社会学』というタイトルを冠する本書は、十人の「戦争孤児」当事者たちそれぞれにとっての戦後史を聞き取り調査の方法論を用いてまとめるものである。その「戦争孤児」当事者たちがしばしば言及するのが、この『火垂るの墓』であり、「自分の生活は、そのまま『火垂るの墓』のようだった」という言葉を私は何度となく聞いた。その意味でこの作品のストーリーはフィクションではあるものの、「戦争孤児」たちの生活実態に近い場面が多く描かれた映画である。

本書を一読するとわかるように、清太と節子のストーリーは、本書の調査対象者である十人の「戦災孤児」当事者たちの生活史に多くの点で類似している。例えば、「戦争孤児」たちの多くは空襲などで庇護者を失ったのちに、いったんは親戚宅での生活を余儀なくされるが、この親戚宅での生活は決して幸せなものではなく、そこで凄惨な経験をしている。清太と節子は親戚宅での生活を継続できずに、そこから逃げ出して浮浪児になるが、実際にそのような生活を送った「戦争孤児」たちが多かっただろうことが容易に想像できるはずである。

本書は、そのようにして戦後社会を「戦争孤児」として、また「親を亡くした子ども」としての生活を強いられた人々が、彼ら／彼女たちの過去の生活史をどのように語るのか／語らない（語れない）のかを分析するものである。本書はあくまで戦後を生き抜いた人々の語りを分析するものだが、その背後には清太と節子のように「戦争孤児」として駅頭や地下道で冷たくなって死んでいった子どもたち、施設のなかで死んでいった子どもたちなどが大勢いたことを念頭に置いて読んでいただければ幸いである。

第1章　問題の所在

1　本書の視座

本書は、「戦災孤児」あるいは「戦争孤児」という社会的カテゴリーを付与された人々が、自分史（ライフストーリー）を産出すること／しないことをめぐる政治、そしてライフストーリーが産出されるために必要な「社会的条件」[1]を分析することを目的にしている。本書を通じて「戦争孤児」当事者たちが、自らのライフストーリーをどのようにして形成するのか／しないのかを検証していく。

総力戦として戦われた第二次世界大戦では、日本にかぎらず多くの国々で、多くの民間人が戦争の犠牲になった。またそのなかで、空襲などで両親をともに失った「戦災孤児」「戦争孤児」たちが多数生み出された。一九四七年二月に厚生省児童局がおこなった『全国孤児一斉調査[2]』によれば、その数は日本国内で確認できただけで十二万三千五百十一人に上る。

　写真1は、敗戦後約十カ月を経た一九四六年六月に大阪梅田駅で撮影された浮浪児たちの姿である。こうした光景は日本の主要駅で当時多く見られたが、東京・上野駅や写真にある大阪梅田駅付近は特に浮浪児たちが多く集まる場所として知られていた。

写真1　靴磨きの浮浪児たち
（出典：朝日新聞社『戦争と庶民――1940-49 ④進駐軍と浮浪児』〔朝日歴史写真ライブラリー〕、朝日新聞社、1995年、129ページ）

　写真をもう少し詳細に検討してみよう。写真の右側には駅頭にたむろする浮浪児たちが所狭しと並び、通りかかる人々に向かって「磨きましょう」「磨きましょう」と叫びながら、靴磨きの仕事を得ようとしている様子が捉えられている。また少年・少女たちが腰かけているのは靴磨き用の台であり、よく見るとその台には靴磨き用の刷毛を立てかけている。また、その側には靴墨を入れた缶が置いてあるのが確認できる。靴磨きは、シケモク売り（路上に捨てられているシケモク〔タバコの吸い殻〕を拾い集めて一本のタバコにして売る仕事）や闇市の手伝い、屑拾いや物乞いなどと並んで、浮浪児たちが日銭を稼ぐために最もよく生業にした仕事の一つだった。また写真2は、神戸三宮駅の駅頭で野宿する浮浪児たちを映し出したものである。敗戦後数年の間、特に大都市の駅頭では野宿し雑魚寝する浮浪児たちの姿が多く見られた。

本書では、敗戦後日本社会をこのようにして「戦災孤児」あるいは「戦争孤児」として生きた人々のライフストーリーを分析するが、彼ら／彼女たち自身は自ら「戦災孤児」だったことを、たとえ配偶者に対してであっても一切語らないまま、その事実を墓場までもっていくことがきわめて多い。また、「戦争孤児」たちの当事者語りの運動は一九九〇年代から徐々に開始され、戦後七十年にあたる二〇一五年を境にメディアが多くの語りを紹介するようになるが、そこには「沈黙の半世紀」「沈黙の七十年」ともいうべき長い語りの空白期間が存在する。

「戦争孤児」たちの当事者経験語りを主導してきた金田茉莉は、「戦争孤児」たちの長い語りの空白に関して、筆者のインタビューに対して以下のように語っている。

いままで一生懸命努力して生活が安定してきてね。ところが孤児だって言ったとたんたちまち変わるんですよ。差

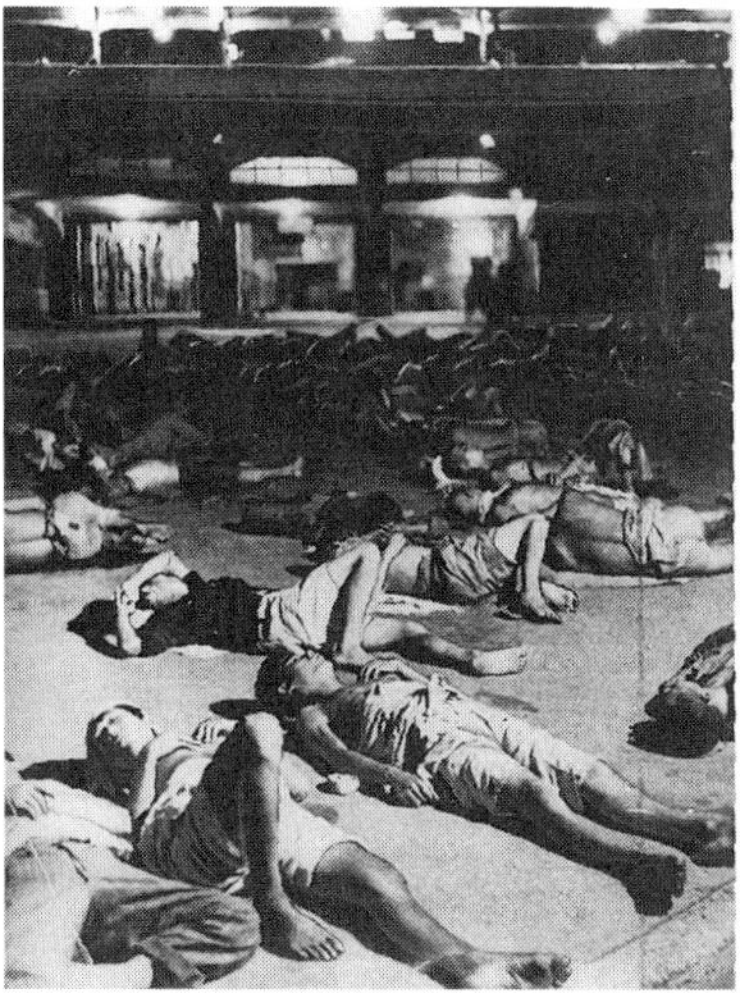

写真2　神戸三宮駅前で野宿する浮浪児たちの姿
（出典：「朝日新聞」1947年8月18日付）

別的な態度になる。まあ人の不幸はハチの蜜なんてね、言うような人も大勢いますからね。周りの人からね、あの人孤児だったんだってよ、浮浪児やってたとかね、なかには売春婦やってたとか刑務所入ってたとかね、そういうことを言われるんですよ、周りで。だから、違った目で見られるから、だから言わないんですよ。(3)

金田の発言にもあるように、多くの孤児たちは、自らの境遇を明かすことが差別や生活環境の劣化を引き起こすことを恐れて、数十年にも及ぶ長期間にわたって自分が「戦災孤児」だったことを周囲にかたくなに秘匿してきた。

社会学者の山田富秋は、自らのライフストーリー論を展開するなかで、「沈黙は暴力の結果である」(4)ことに言及するとともに、ハンナ・アレントの『人間の条件』(5)での議論を引用しながら、「沈黙とは、あるひとつの声が当該社会の唯一の声であるかのように君臨し、他のさまざまな声を専制的に支配することによって成立した事態である」(6)と指摘している。

「戦争孤児」たちの「沈黙の半世紀」「沈黙の七十年」という長い語りの空白は、山田が指摘する「沈黙は暴力の結果である」という視座から再度捉え返すことが必要だろう。なぜ、これほどまで長期にわたって、彼ら／彼女たちは自らが「戦災孤児」だった過去に口を堅く閉ざしてきたのだろうか。また、近年になって自らの過去を語りだそうとした人々が、自らのライフストーリーを産出するために必要な「社会的条件」とはどのようなものだったのか。以下では、こうした問いを順を追って明らかにしていきたい。

なお、戦災で両親をともに失った子どもたちのことを「戦災孤児」あるいは「戦争孤児」と表記するが、前者の「戦災孤児」は、主に敗戦直後の日本社会で、児童福祉の専門家や新聞メディアなどで使用された第三者の定義による名称であるのに対し、「戦争孤児」という名称は当事者定義によるものであり、戦争によって孤児になった子どもたち全般を広く指し示す言葉として使用されるのが常である。本書では、この「戦災孤児」と「戦争孤児」という言葉を前記の観点から適宜使い分けて使用する。

2 「戦争孤児」たちがたどった道程

孤児調査と孤児たちの移動

まず、敗戦直後に把握された「戦災孤児」たちの数を、「戦災孤児」調査のなかで最も大規模におこなわれた『全国孤児一斉調査』（厚生省児童局）からみていきたい。「戦災孤児」への公的処遇は占領下でのＧＨＱ／ＰＨＷ（連合国軍総司令部／公衆衛生福祉局）主導で対策が曲がりなりにも始動するとともに、児童をめぐる総合立法である児童福祉法が一九四七年十二月に公布され、翌年四八年三月に全面施行されて、「戦災孤児」問題は同法下で対処されていく。(7)この『全国孤児一斉調査』は、四八年二月一日午前〇時時点での全国の孤児数を、当時の民生委員や児童委員、施設職員や警察官などが実地に確認して集計した調査結果である。児童福祉法が公布されてから全面施行さ

表1　年齢別

孤児の年齢	人数
1－2歳	554人
3歳	719人
4－7歳	13,213人
8－14歳	57,731人
15－20歳	51,294人
計	123,511人

（出典：厚生省『全国孤児一斉調査』厚生省児童局、1948年）

れるまでの間に、保護が必要な児童数を割り出すことを企図してなされた。この調査結果から、孤児の存在は全国四十六都道府県（沖縄を除く）で見いだされ、確認されているだけでその数は計十二万三千五百十一人に及ぶことが明らかになった。

表1は同調査の孤児数を年齢別に整理したものであり、表2は孤児数を保護形態別に整理したものである。

表1の年齢別の孤児数で一見して目を引くのは、孤児年齢の「八歳―十四歳」（終戦時におおむね六歳―十二歳、一歳平均八千二百四十七人）と「十五歳―二十歳」（終戦時におおむね十三歳―十八歳、一歳平均八千五百四十九人）の各年齢層での孤児数の多さである。前者は尋常小学校就学時に空襲を経験して孤児になった層であり、学童疎開や縁故疎開で実家から離れていたときに実家が空襲を受けて孤児になった人々が特に多く含まれている。また後者は尋常小学校卒業後の世代に属し、就学や勤労で実家を離れていたときに実家が空襲被害を受けるなどして孤児になった人々が多く含まれている。

また、表2からは、孤児になった者のうち八六・七パーセント（十万七千百八人）が祖父母や兄姉、親戚などに引き取られたことが見て取れるが、本書でもみていくように親戚宅など他家での経験は決して幸せなものではない場合も多く、そこで凄惨な経験をした孤児たちも多い。また、日本の児童養護施設には敗戦後の「戦災孤児」収容にその起源を有する施設が多数あるが、[8]一九四七年二月一日時点で約一〇パーセント（一万二千二百二人）の孤児たちが施設に入所していることがわかる。

また「戦災孤児」たちの数は特に空襲被害がひどかった東京圏、大阪圏、名古屋圏、福岡圏などの大都市圏にかぎらず、全国四十六都道府県にわたってあまねく存在が確認されている点も重要である。そのうち、孤児数が多い都道府県には広島県（五千九百七十五人）、兵庫県（五千九百七十人）、東京都（五千八百三十人）、京都府（四千六百八人）、愛知県（四千五百三十三人）と、空襲被害が激しかった大都市圏が順に続くが、京都府のように空襲被害が少なかった県も含まれている。これは、京都府の空襲被害が少なかったために、空襲被害が激しかった周辺県から孤児たちが流入した結果である可能性が高い。また、孤児数が少ない都道府県には順に山梨県（千三十九人）、青森県（千百七十一人）、和歌山県（千三百七十二人）、鳥取県（千三百八十五人）、宮崎県（千四百四十二人）が挙げられるが、孤児数が最も少なかった山梨県でも千人以上の孤児が確認されていることも目を引く。これは、親戚などに引き取られた孤児たちが、食料事情がよりましな農村県に引き取られるケースが多かったことも関係している可能性がある。

表2　保護形態別

保護形態	人数
施設に収容保護されているもの	12,202人
祖父母、兄姉、親戚、知人その他により保護されているもの	107,108人
保護者なくして独立して生活を営むもの	4,201人
計	123,511人

（出典：同書）

次に、孤児たちが空襲などで親を亡くした（もしくは親とはぐれた）のちにたどった移動の軌跡を確認しておきたい。図2は筆者が「戦争孤児」の人たちに聞き取りをするなかで、彼ら／彼女たちが孤児になってからたどった経路を図示したものである。

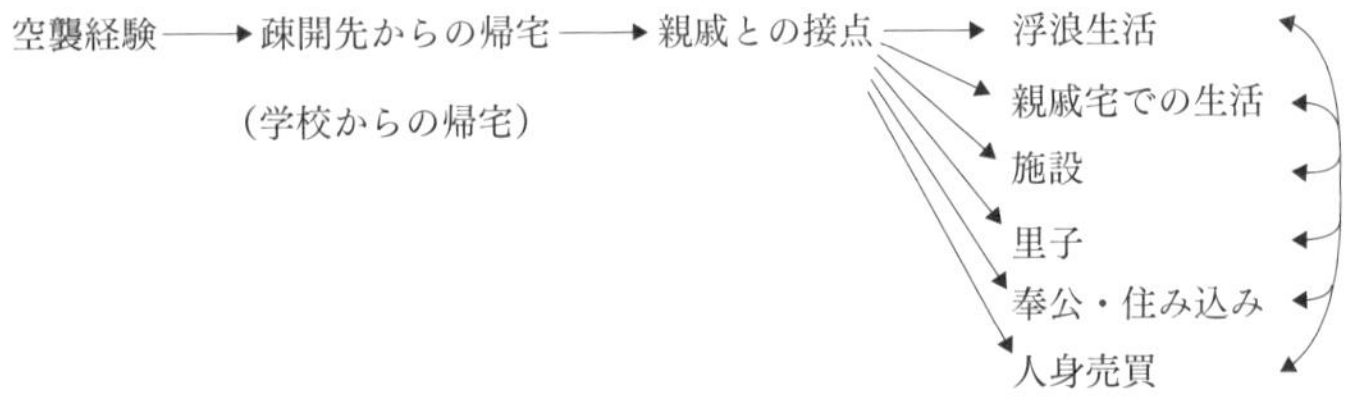

図2　「戦災孤児」の移動経路
（出典：当事者の聞き取りから筆者作成）

「戦災孤児」になった子どもたちには、戦災当時は学童疎開で東北や四国などの地方にいた、また就学その他の理由で一時的に実家から離れていたケースが大多数を占める。多くの子どもは学童疎開先などで親の訃報を知り、叔父・叔母などの親戚との接点を一度はもつものの、そのあとは上野駅などの大都市の駅頭で浮浪児としての生活を送ったり、路上で警察に補導されて施設措置されたり、里子として他家に委託されたり、またなかには人身売買で売られて過酷な労働を強いられたりと、敗戦後社会のなかできわめて不安定な生活を強いられることになった。

また、いったんは親戚宅で生活したものの、あまりに過酷な使役や虐待を受けたために逃げ出して浮浪生活に至った者や、里親宅から逃げ出すようにして施設に収容された者、また浮浪生活中に警察などに補導されて施設保護に至った者など、その生活はきわめて流動的だった点も特徴として挙げられる。

「戦災孤児」をめぐる政策

敗戦後社会の児童福祉行政では、こうした「戦災孤児」や浮浪児問題への対処を喫緊の課題としながら、曲がりなりにも対処策が練られた。その主要な担い手になったのがＧＨＱ／ＰＨＷだった。占領統治下の児

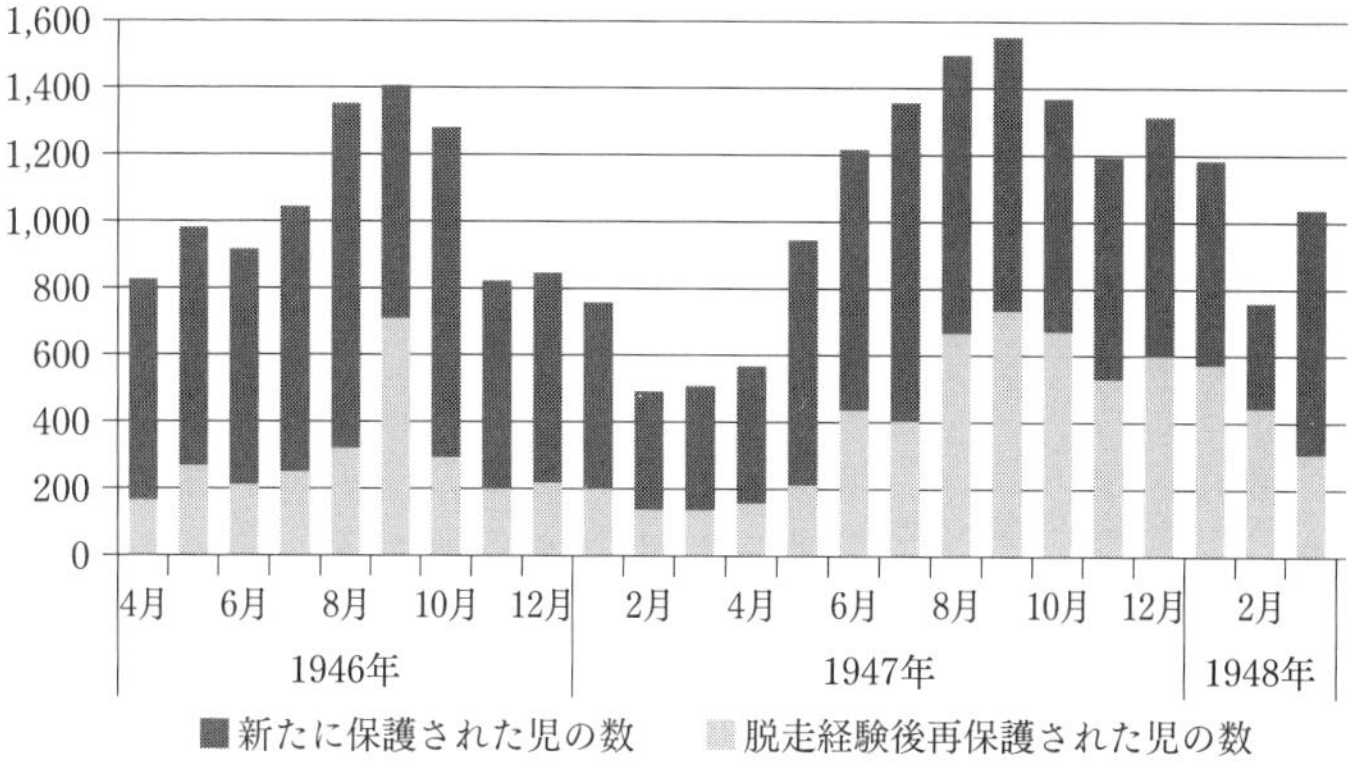

図3　全国浮浪児の保護実数の推移（厚生省調べ）年齢別
（出典：1946年4月から47年6月に関しては、高田正巳『児童福祉法の解説と運用』〔時事通信社、1951年〕から作成。47年2月から48年3月は宮出秀雄『ルンペン社会の研究』〔改造社、1950年〕から作成）

童福祉行政は、次のような形成の過程をたどった。まず一九四六年四月十五日に「浮浪児その他児童保護等の応急措置実施に関する件」（厚生省社会局長通牒社発三百八十七号）が出されたのを皮切りに、四六年九月十九日には「主要地方浮浪児等保護要綱」（厚生省発社第百十五号）が出され、四七年三月には厚生省内に児童局が設置されるとともに、戦後日本社会の児童福祉行政の根幹を担う児童福祉法制定のために審議していくことになる[9]。

この児童福祉法（一九四七年十二月十二日公布、四八年三月一日全面施行）は、冒頭第一条に「すべて国民は、児童が心身ともに健やかに生まれ、且つ、育成されるよう努めなければならない」という文言を掲げ、児童相談所の設置や、養護施設（かつての孤児院、現在の児童養護施設）、乳児院、保育所などの児童福祉施設の整備、里親制度などの社会的養護の制度化などを規定して公布された[10]。

ただし、敗戦直後の時期の児童行政では、街頭や駅頭にたむろする浮浪児たちの「狩り込み」(警察による一斉補導)と施設収容を喫緊の課題としていて、また児童福祉施設に対する財源はきわめて限定的なものだったことも付記しておくべきだろう。「戦災孤児」たちや浮浪児たちの収容保護の任にあたった施設職員の回顧録には、当時の施設運営費用の不足や運営資金捻出のための血の滲むような努力の記録が残されている(11)。

また、敗戦後数年間の施設収容を中心とする児童福祉政策の実情を知るには、図3を参照するのが早いだろう。この図の黒で示す数は、それまで施設で保護されたことがなかった孤児や浮浪児のうち新たに保護された者の数を、また灰色で示す数は施設からの脱走経験がある孤児や浮浪児のうち再度保護された者の数を示している。一九四六年四月から四八年三月までに、施設収容される孤児と浮浪児に占める「施設脱走後再保護された児」の数は漸次増加していて、特に四七年八月以降は施設収容される子どもの約半数が施設からの脱走経験がある者で占められた。戦後初期の児童政策は、孤児や浮浪児の施設収容と脱走のいわばイタチごっこを繰り返していたことが見て取れる。

このように施設にいったん収容された子どもたちが施設からの脱走を繰り返した背景には、敗戦後の施設環境がきわめて劣悪だった事情が大きく関与している。写真3は、当時最も代表的な孤児収容施設だった東京都養育院の子どもたちの様子を写真家の菊池俊吉が一九四五年に写したものだが、多くの孤児たちが極度の栄養失調状態に陥っている様子が見て取れる。児童福祉法施行後も施設費用が十分には工面できず、施設のなかで多くの孤児たちが亡くなったという事実は当時の施設職員の記録(12)にも残されている。孤児や浮浪児たちが施設からの脱走を繰り返した背景には、このような当時の劣悪な施設環境で、生存のために駅頭などに戻ろうとする孤児たちの戦略があった。

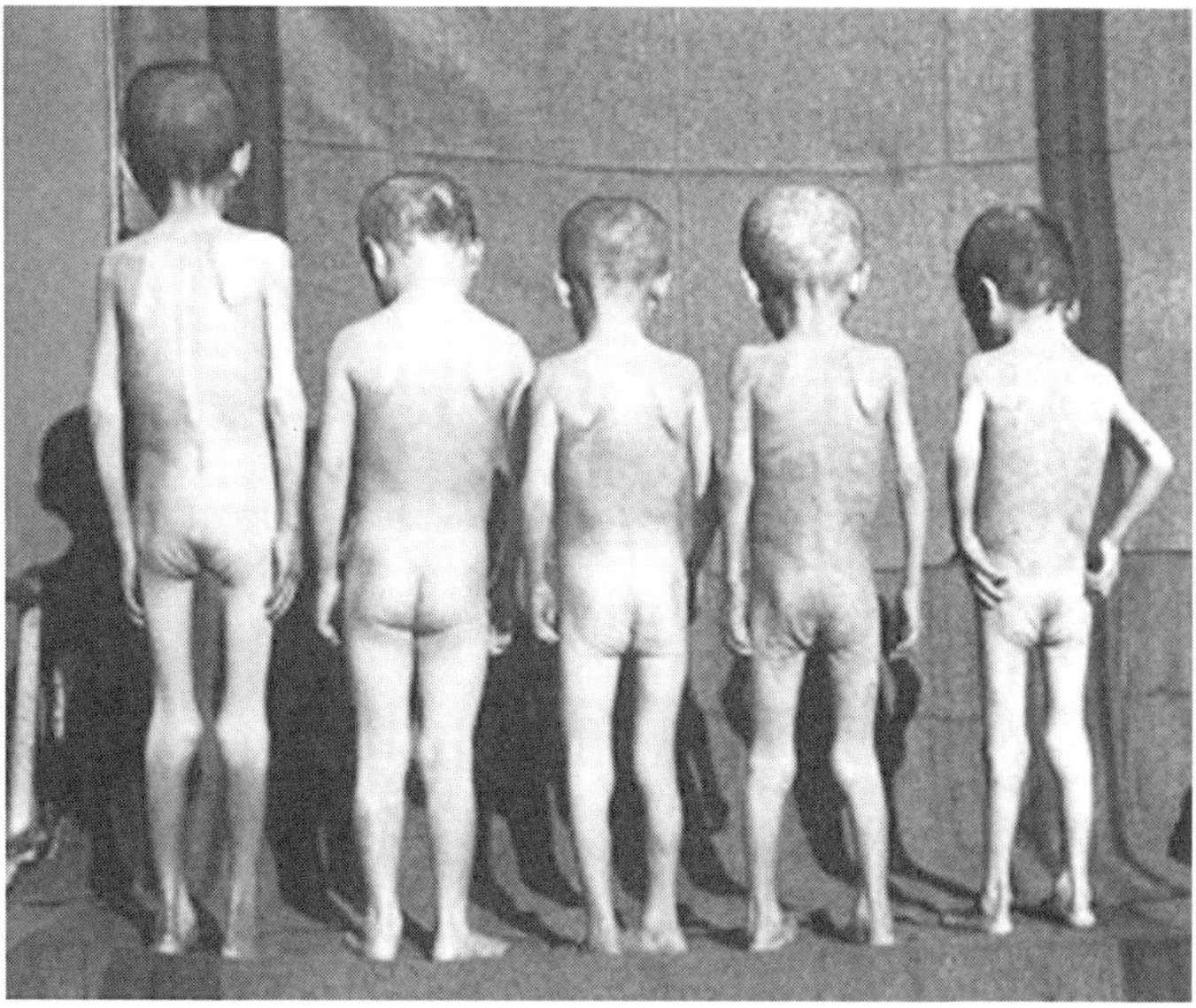

写真3　東京都養育院の子どもたち
（出典：菊池俊吉「浮浪者収容施設の栄養失調児」1945年〔東京都写真美術館所蔵〕）

「沈黙の半世紀」「沈黙の七十年」

空襲被害などで両親を亡くした人々が「戦災孤児」だったことを誰に対しても語らず、自らの経験を一生胸に秘めたまま亡くなることが多いことは冒頭でも述べた。「戦災孤児」たちが長く沈黙するなか、一部の孤児経験者が体験を何らかのかたちで語り始めるのは、戦後四十年以上が経過した一九八〇年代後半以降のことであり、そのあと多くの当事者が重い口を徐々に開き始めるのは九〇年代後半になるのを待たなければならない。そこには、「沈黙の半世紀」ともいうべき長い語りの空白期間がある。

「戦争孤児」当事者語りの先駆的な実践者である金田茉莉が、一九四五年三

表3 「戦争孤児」当事者の主要な自叙伝出版年

1984年	吉岡源治『焼跡少年期——私は戦災浮浪児だった』図書出版社
1986年	金田茉莉『母にささげる鎮魂記』草の根出版会
1990年	金田茉莉子『夜空のお星さま』YCC 出版部
1990年	創価学会婦人平和委員会『孤児たちの長い時間《とき》戦争孤児（東京）編』（「平和への願いをこめて」第19巻）、第三文明社
1991年	吉岡源治『さらば浮浪児 青春奮戦記』山手書房新社
1997年	戦争孤児を記録する会編『焼け跡の子どもたち』クリエイティブ21
2002年	金田茉莉『東京大空襲と戦争孤児——隠蔽された真実を追って』影書房
2004年	山田清一郎『奪われたいのちの重さ』郁朋社
2006年	山田清一郎『俺たちは野良犬か！——それでも生きた孤児たち』郁朋社
2015年	金田茉莉、浅見洋子監修『終わりなき悲しみ——戦争孤児と震災被害者の類似性』コールサック社
2017年	星野光世『もしも魔法が使えたら——戦争孤児11人の記憶』講談社
2020年	金田茉莉『かくされてきた戦争孤児』講談社

月十日の東京大空襲で両親を亡くした経験と、その後の孤児として生きた生活困難についてを中心にまとめた自叙伝を最初に出版するのが八六年[13]であり、金田が中心になって「戦争孤児」経験者の人々の自分史を集約した書籍が出版されるのはそのおよそ十年後の九七年である。[14]また東京大空襲集団訴訟のなかで多くの「戦争孤児」の人々（第一審原告百三十一人中五十一人が「戦争孤児」）が孤児体験を語り始めるのが二〇〇七年のことである（訴訟自体は二〇一三年まで継続した）。また、マスメディアが「戦争孤児」に関する特集を組み始めるのは、戦後七十年を経過した一五年を待たなければならない。こうした特集番組の代表的なものには、一五年三月二十三日に戦後七十年特集として放送されたNNNドキュメント『戦争孤児たちの遺言——地獄を生きた七十年』（日本テレビ系）や、一八年八月十二日にNHKが同じく戦後特集として放送した『〝駅の子〟の闘い——語り始め

た戦争孤児』などがある。戦後七十年を境にして、「戦災孤児」経験者の証言は特集番組などを通じて社会のなかで一応は広く認知されるようになる。[15]

表3は、「戦争孤児」当事者の主要な自叙伝の出版年をまとめたものである。「戦争孤児」当事者の自叙伝の出版は一九八〇年代半ばから徐々に始まって、特に二〇〇〇年代以降、多くの著作が公表されるようになる。「戦争孤児」当事者による語りの先駆者である前述の金田茉莉は筆者のインタビューのなかで、八〇年代当時を回顧し、特に八〇年代後半までは「戦災孤児という存在自体が一般に認知されていなかった、いなかったことにされていた[16]」と語り、「戦争孤児」の経験を聞き取ろうとする社会的関心がきわめて希薄だったことを繰り返し述べている。

3　研究視座――ライフストーリー研究と「語りの産出／不在」を分析すること

語りが可能になる「社会的条件」

本書では、こうした「戦争孤児」たちの「沈黙の半世紀」あるいは「沈黙の七十年」という、「戦争孤児」たちの語りの不在や、そうした沈黙ののちに語りが産出される「社会的条件」自体を分析の俎上に載せていくが、その際にライフストーリー論の知見を主に参照しながら議論を進めていきたい。

インタビューの方法論として「ナラティブの転回[17]」(narrative turn) が提唱されて以来、ライフヒストリー研究は社会構築主義との密接な関係性のもとに展開されるようになった。そこでは、人々の自分史語りは、過去の出来事の客観的な跡づけとしてではなく、語り手が現在の視点から過去の出来事を評価して取捨選択しながら、現在の自らの生を意味づけるために時系列的に構成する、語り手の自己提示[18]として捉え返される。

桜井厚は、こうしたインタビューに関する方法論的転回をライフヒストリー研究のなかに位置付け直すとともに、従来のライフヒストリー研究を客観主義と構築主義に区分したうえで、後者に依拠するものをライフストーリー研究と定義した。[19]また、自らの方法論を後者に求め、ライフストーリーの生産プロセス自体を分析の俎上に載せる必要性を提起するとともに、インタビューを語り手と聞き手の相互作用から産出される生産物と捉える研究視座を対話的構築主義と名づけた。

「戦争孤児」経験者のライフストーリーの産出／不在を分析していく本書の研究は、前記の桜井のライフストーリー論を参照しながら組み立てる。しかし、桜井の方法論がライフストーリーの産出に際する語り手と聞き手の二者関係を主軸としながら組み立てられているのに対し、本書ではライフストーリーの産出／不在に関与するより広い「語りを可能にする社会的条件」を分析の俎上に載せるという特徴がある。「戦争孤児」当事者の「沈黙の半世紀」「沈黙の七十年」や、彼ら／彼女たちのライフストーリーの産出／不在をめぐる「社会的条件」を分析する際には、なぜ半世紀以上の長い沈黙がそこにはあったのかという、語りの沈黙／産出に関する時間軸上のタイミングに関する分析や、ライフストーリーを聞き取るサポートコミュニティの存在など、インタビューの語り手と聞き手の二者関係には還元されない、より広範な語りの沈黙／産出をめぐる「社会的条件」を明らかにする必要があるからである。

人々のライフストーリーをめぐる語りの不在や沈黙自体に着眼しながら、「語りを可能にする社会的条件」自体を分析の俎上に載せるケン・プラマーの方法論[20]は、本書のアプローチにより近いかもしれない。プラマーは、セクシュアリティをめぐる人々のライフストーリーを分析するなかで、それが「社会的コンテクストのなかで社会的に生産されたもの[21]」であることを強調しながら、自らの着眼点がナラティブの構造自体にではなく、「それが出現する基礎をなす社会的条件[22]」にこそあるとし、以下のように語る。

そうした話〔ライフストーリーの形成：引用者注〕が「うまくいく」ためには、それらを受け入れる用意のある強力なサポート・コミュニティを具体化させた社会的世界が必要であり、その方法を検討しよう。ゲイ運動、女性運動、セラピーの運動は、そうした社会的世界を提供してきた。[23]

本書では、こうしたプラマーの議論も参照しながら、「戦争孤児」経験者の「語りを可能にする社会的条件」としてのサポートコミュニティなどのあり方自体に関しても分析していく。[24]

なお、前記のライフストーリー法に依拠した方法論を選択するに至った理由として、筆者の「戦争孤児」当事者たちに対するインタビュー経験から得たある実感があることにふれておきたい。筆者は当初、「戦争孤児」経験者の語りから、当時の孤児たちを取り巻く環境や児童福祉制度の不備などを実証的に検証する意図をもって調査を開始した。その意味で筆者が当初採用予定だった研究視座は、旧来の実証主義的なライフヒストリー法に近いものだったといえる。その後、「戦争孤児」当事者に対する聞き取りを重ねるなかで、多くの人々が自らの孤児経験を語らずにいた「長い沈黙」の期間をほぼ例外なく有していることに気がついた。また、「戦争孤児」の当事者語り自体がそれほど以前からおこなわれてきたものではないことにも気づくことになった。本書のライフストーリー法に依拠した方法論は、そうした「語りの産出」や「語りの不在」自体を研究の主題に据えるに至った研究実践過程で選び取ったものである。

記憶の不確かさ／曖昧さを解釈する

また本書では、前記のライフストーリー法との関連下に、調査対象者たちが語る記憶の不確かさや曖昧さを積極的に解釈する立場を採用する。調査対象者の多くはインタビュー時に八十歳代半ばと高齢の人たちが多く、例えば一度目のインタビューと二度目のインタビューそれぞれで語られる情報の細部が微妙に食い違うこともあった。また、調査対象者の娘や息子が、調査対象者が語った内容が事実と食い違う部分がある可能性を示唆することもあった。本書では、そうした調査対象者たちの語りの食い違いや不確かさもそれぞれの方ならではの過去の自己提示を構成するものであり、その提示法自体を積極的に解釈するという立場を採用する。

4　理論枠組み

スティグマ研究、概念分析の社会学

本書の背景理論は、主にアーヴィング・ゴッフマンのスティグマ論[25]とイアン・ハッキングによる概念分析の社会学[26]に多くを負っている。より正確にいえば、「戦争孤児」経験者たちの語りを可能にする「社会的条件」を重視するライフストーリー法というインタビュー分析法に、ゴッフマンのスティグマ論やハッキングの概念分析を接ぎ木した地点に本書の理論枠組みはある。

「戦争孤児」当事者は、可視的なスティグマ者ではない点でゴッフマンがいう「信頼を失う事情のある者[27]」に該当し、そのかぎりでは自らが「戦災孤児」あるいは「戦争孤児」であることに対する情報の管理／操作の必要性を不可避的に突き付けられる。「戦争孤児」たちの「沈黙の半世紀」「沈黙の七十年」という語りの空白は、そうした潜在的なスティグマ者たちの情報管理／操作の結果でもある。

また本書の軸の一つとして、「戦災孤児」あるいは「戦争孤児」という概念や社会的カテゴリーが人々の生活とどのようなかたちで結び付くのかについての、またそうしたカテゴリー自体を彼ら／彼女たちが作り替えていく軌跡をめぐる分析を挙げることができる[28]。ハッキングは自らの著作のなかで「女性難民」の社会的構築を例に示し、そこで構築されているのは「女性難民」という概念

であり分類法全体であって、いったん「女性難民」という概念を付与された人々はそのような概念やカテゴリーに適合的に振る舞うようになると指摘する。[29] また、そのようにして人間を作り上げる(making up people) 権力作用と、そうした概念や社会的カテゴリーを付与された人々がその概念やカテゴリー自体を作り替えていくこととの間の相互作用をループ効果 (looping effect) と呼んだ。[30]

空襲などの戦災で親を亡くした子どもたちに「戦災孤児」という概念や社会的カテゴリーが付与されていく軌跡については、本書の主に第3章「語りの制約——沈黙の背後にあるもの」、第4章「社会的信用の失墜と孤児たちの経験——浮浪生活、施設生活、親戚宅での生活をどのように語るのか」、第5章「「戦災孤児」を生きること——学校生活、就職、そしてその後の人生」で扱う。そこでは人々が「沈黙の半世紀」「沈黙の七十年」という「語りの空白」をもった要因を検討するとともに、「戦災孤児」という社会的カテゴリーが付与されたために人々が向き合うことになった困難や葛藤を分析する。また本書の第6章「「戦災孤児」から「戦争孤児」へ——カミングアウトと裁判」では、「戦災孤児」あるいは「戦争孤児」という概念や社会的カテゴリーの当事者による作り替えに関する諸活動を扱う。そこでは人々の当事者語りの運動や裁判などの実践活動を分析するとともに、人々が「戦災孤児」というカテゴリー自体を自ら作り替えていく諸相を分析する。

子ども史と子ども社会学の知見

また本書の「戦災孤児」「戦争孤児」への着眼は、子ども史と子ども社会学の蓄積に負うところが大きい。両親をともに亡くした子どもが「孤児」(orphan) というカテゴリーのもとに括り出され、そこに特別な意味が付与されながら、特別な対処が必要な存在として構築されていくのは、初期近代社会の特徴である[31]。またそうした「孤児」カテゴリーの特権化は、子どもは両親がそろった家庭で育てられるのが「正常」であるとする観念、そして近代家族規範の興隆や普及と裏表の関係にある。「戦災孤児」「戦争孤児」当事者のライフストーリーの産出やその不在を分析していく本書の主題設定には、人々に「孤児」という社会的カテゴリーが付与されることによって成立する差別の構造を、当事者の語りから照射していく作業を含んでいる。

また、筆者はこれまで『はじき出された子どもたち[32]』をはじめとして、主に歴史資料の分析によって社会的養護の内部に包摂された子どもの歴史を「子ども」をめぐる歴史社会学の視座から明らかにしてきたが、ここではそうした研究群と本書との接続関係を明らかにしておきたい。『はじき出された子どもたち』など、筆者の歴史社会学研究は、主に敗戦直後の孤児・浮浪児問題から近年の児童虐待問題に至る社会的養護の軌跡をたどるものである。そして、そこに包摂された子どもの「逸脱」概念の形成を、「正常な家庭」からの偏差という軸がどのような歴史的形成・展開過程を経てきたのかをみることで明らかにしたものであり、主に児童福祉の専門家による逸脱カテゴリーの作成・普及過程に紙幅を割いてきた。そのかぎりで、筆者のこれまでの研究ではそうした専門家による逸脱カテゴリーの作成過程に関しては一定の知見が得られた一方、そのような逸脱カテゴリーが人々の生活にどのようにして結び付けられていったのか、という歴史社会学上の問いや、ハッキングがループ効果と呼んだ、カテゴリー当事者がそのカテゴリー自体を改変していく軌跡に関しては十分に検証することがかなわなかった。本書は、そうした筆者自身の歴史資料研究のあり方への反省から生まれたものでもある。

戦争社会学と語りの産出の「社会的条件」

また本書の主題は、戦争認識の変遷や、戦争経験をめぐる語りの産出のあり方を問う戦争社会学の構想とも接点を有する。福間良明は、戦争社会学の探究課題を「戦争をめぐる認識や言説が、どのように変化してきたのか。その社会背景や議論を突き動かす認識とは何だったのか」[33]を解明する点に求めている。

「戦争経験」の語られ方の編年史をまとめた成田龍一によれば、戦争をめぐる当事者語りの時期は、①(戦争の渦中で戦争が)「状況」として語られた時期(一九三一年ごろ—四五年)、②「体験」として戦争を語る時期(一九四五年から六五年ごろまで)、③「証言」として戦争が語られる時期(一九六五年から九〇年ごろまで)、そして④「記憶」が語られる時期(一九九〇年代以降)の四期に大まかに区分できるとする[34]。また成田は、第二の時期が「戦争経験のある人びとが同様の経験を有する人々に語りかける「体験」の時代[35]」であり、第三の時期が「経験を有する人々がそれを持たない人々と交代の兆しを見せる(略)「証言」の時代[36]」であるのに対し、第四の時期が「戦争の直接の経験を持たない人々が多数を占める(略)「記憶」の時代[37]」であると論じ、現在は第四の時期に当てはまるとする。

成田は直接的には言及していないが、この四つの時期のあとに、戦争の直接的経験者がいなくなった時期の戦争の語られ方があるはずだが、「戦争孤児」の語りがメディア空間に産出されている

表4　調査対象者の属性

	性別	終戦時の年齢	浮浪経験	施設経験	里子・養子経験	親戚宅経験
Aさん	女性	3歳	無	無	無	有
Bさん	女性	7歳	有	有	有	有
Cさん	女性	9歳	有	無	有	有
Dさん	男性	10歳	有	有	無	有
Eさん	女性	10歳	無	無	無	有
Fさん	女性	10歳	無	無	無	有
Gさん	男性	11歳	有	有	有	無
Hさん	男性	12歳	有	有	無	有
Iさん	女性	12歳	無	無	有	有
Jさん	女性	15歳	有	無	無	無

二〇二一年の現在は、この第四期である「記憶」の時代の最終期にさしかかっているといえるだろう。

以上の時期区分を下敷きにして、本書では「戦災孤児」当事者の語りが、どのような社会的条件のもとで産出されはじめたのかを、戦争社会学の知見も参照しながら検証していきたい。

5　調査対象

本書は、主に十人の「戦争孤児」当事者に対するロングインタビューの内容で構成している。インタビューは二〇一七年三月から二一年一月におこなわれ、一人につき一回から三回、二時間半から九時間の時間を費やした。調査対象者の終戦時の年齢は三歳から十五歳である。会話は許可を得たうえで録音し、逐語録を作成した。また、プライバシー保護のために、本書原稿の確認を調査対象者にお願いし、分析箇所に関する許可を得た。

6　本書の構成

本書は、本章を含む全6章と終章で構成している。

第2章「「戦災孤児」のメディア表象——敗戦後日本の自画像としての」では、「戦災孤児」「戦争孤児」当事者のライフストーリーの分析に入る前の準備作業として、戦後日本の言説空間のなかで、戦争で「親を亡くした子ども」がどのような描かれ方をしたのかを、主に新聞資料を用いて、編年的に追いかける。

第3章では、「戦災孤児」当事者たちの語りを制約している／していた要因について分析する。そこでは、「沈黙の半世紀」「沈黙の七十年」という長い語りの沈黙の理由を考察する。そして、彼ら／彼女たちが、自らが「戦災孤児」であることを伝える際の障壁はどのようにして経験されたのか、また、自らが「戦災孤児」としてのライフストーリーを紡ぎ出しはじめたあとも、なおしばらくの間「特に語れなかったこと」はどのような出来事だったのか、を分析する。

第4章では、主に「戦争孤児」当事者たちが親の死、浮浪生活、施設経験、そして親戚宅での生活をどのように回顧するのか、その語りのあり方を検討する。この章で取り上げる主題群は、「戦争孤児」当事者から特に強く、そして繰り返し語られることが多い。「戦災孤児」というスティグマ化されたカテゴリーが付与されたことによる社会的信用の失墜や、親戚からの差別・冷遇などの経験を人々がどのように語ったのかを分析する。

第5章では、主に彼ら／彼女たちの教育の断絶、学校経験、進学の困難、就職の困難、転職、そしてその後の人生が「戦災孤児」当事者たちにどのように語られるのかを検討する。「戦災孤児」当事者たちには、戦争で親を亡くして以降、教育が中断している人々が少なからず存在する。一方で、親戚宅などで冷酷な扱いを受けていた人々にとっては、学校や教師の存在は生活で唯一の解放を与えるものになっていることも多い。また、「孤児だから」という理由でまともな就職口から排除される人々も多い。さらに、転職回数が多いのも「戦災孤児」当事者たちの特徴である。

第6章では、彼ら／彼女たちが「戦争孤児」当事者としての経験語りを始めるに至った契機について検討する。具体的には、「戦争孤児」当事者たちの語りを可能にしたサポートグループを分析し、東京大空襲集団訴訟や戦後七十年がきっかけになって公的に自らの経験を語りだした経緯に関する検討と、そうした承認をめぐる闘争のなかで彼ら／彼女たちが自らに付与されてきた「戦災孤児」というカテゴリー自体を作り替えていく軌跡を検討する。

そのうえで終章「沈黙と語りの歴史社会学」では、本書の理論枠組みであるスティグマ論、概念分析の社会学、子ども社会学、そして戦争社会学の視座から、「戦争孤児」当事者たちによるライフストーリーの産出／不在をめぐる論点を総括する。

注

(1) Ken Plummer, *Telling Sexual Stories: Power, Change and Social Worlds*, Routledge, 1995.(ケン・プラマー『セクシュアル・ストーリーの時代――語りのポリティクス』桜井厚/好井裕明/小林多寿子訳、新曜社、一九九八年)

(2) 厚生省児童局『全国孤児一斉調査』(厚生省児童局、一九四八年)を参照。なお、同調査は「戦災孤児」調査としては最大のものであり、一九四八年二月一日午前〇時現在の孤児数を、民生委員・児童委員、警察官、施設職員などが実地で調べてカウントしたものである。そうした調査の性質上、実際の「戦災孤児」数は、同調査で示されている十二万三千五百十一人よりも多かったことが予想される。なお、この『全国孤児一斉調査』の詳細な検討は、金田茉莉『かくされてきた戦争孤児』(講談社、二〇二〇年)にも詳しい。

(3) 二〇一八年十二月二日インタビュー

(4) 山田富秋『フィールドワークのアポリア――エスノメソドロジーとライフストーリー』(松山大学研究叢書)、せりか書房、二〇〇〇年、一一八ページ

(5) ハンナ・アレント『人間の条件』志水速雄訳(ちくま学芸文庫)、筑摩書房、一九九四年

(6) 前掲『フィールドワークのアポリア』一一八ページ

(7) 児童福祉法が制定され、この厚生省による「全国孤児一斉調査」がおこなわれたあとに、児童福祉法が全面施行に移される経緯に関しては、土屋敦『はじき出された子どもたち――社会的養護児童と「家庭」概念の歴史社会学』(勁草書房、二〇一四年)に詳しい。また、同時期の児童福祉法制定に関する系譜の詳細に関しては、村上貴美子『占領期の福祉政策』(勁草書房、一九八七年)、菅沼隆『被

占領期社会福祉分析』（［MINERVA 人文・社会科学叢書］、ミネルヴァ書房、二〇〇五年）、Tatara Toshio, *1400 Years of Japanese Social Work from Its Origin through the Allied Occupation*, 552-1952, Bryn Mawr College, 1975.（Toshio Tatara『占領期の福祉改革——福祉行政の再編成と福祉専門職の誕生』菅沼隆／古川孝順訳、筒井書房、一九九七年）に詳しい。

（8）戦後の児童養護施設の多くが空襲被害などで両親を亡くした「戦災孤児」収容施設に出自を有することに関しては、前掲『はじき出された子どもたち』に詳しい。

（9）戦後日本の「戦災孤児」政策の形成過程に関しては、前掲『はじき出された子どもたち』に詳しい。

（10）戦後の児童福祉法形成期史料を編纂したものに、児童福祉法研究会編『児童福祉法成立資料集成』上・下（ドメス出版、一九七八・七九年）がある。

（11）敗戦直後の施設の運営費用の不足や子どもの栄養状態向上のための努力を記録した回顧録の代表的なものとして、「養護施設30年」編集委員会『養護施設30年——第30回全養研協記念出版』（全国社会福祉協議会養護施設協議会、一九七八年）および坂田堯／全国社会福祉協議会乳児福祉協議会編『全乳協30年史——乳児院30年のあゆみ』（全国社会福祉協議会乳児福祉協議会、一九八六年）がある。

（12）施設内で多くの孤児が亡くなったことに関する職員の回顧録には、前掲『全乳協30年史』などがある。

（13）金田茉莉『母にささげる鎮魂記』草の根出版会、一九八六年

（14）戦争孤児を記録する会編『焼け跡の子どもたち』クリエイティブ21、一九九七年

（15）また、戦後七十五年にあたる二〇二〇年前後には「戦争孤児」に関する関連書籍の出版が相次いだ。その代表的なものに、前掲『かくされてきた戦争孤児』、浅井春夫／川満彰編『戦争孤児たちの戦後史1——総論編』（吉川弘文館、二〇二〇年）、平井美津子／本庄豊編『戦争孤児たちの戦後史2——

西日本編』（吉川弘文館、二〇二〇年）、浅井春夫／水野喜代志編『戦争孤児たちの戦後史3――東日本・満州編』（吉川弘文館、二〇二一年）、中村光博『「駅の子」の闘い――戦争孤児たちの埋もれてきた戦後史』（〔幻冬舎新書〕、幻冬舎、二〇二〇年）などがある。

（16）二〇一八年十二月二日インタビュー

（17）David R. Maines, “Narrative’s Moment and Sociology’s Phenomena: Toward a Narrative Sociology,” *The Sociological Quarterly*, 34(1), 1993, pp. 17-38 ほかを参照。

（18）Tim Booth and Wendy Booth, “Sounds of Silence: Narrative research with inarticulate subjects,” *Disability & Society*, 11(1), 1996, pp. 55-70, Jaber F. Gubrium and James A. Holstein, “Narrative Practice and the Coherence of Personal Stories,” *The Sociological Quarterly*, 39(1), 1998, pp. 163-187, 桜井厚『インタビューの社会学――ライフストーリーの聞き方』（せりか書房、二〇〇二年）ほかを参照。

（19）前掲『インタビューの社会学』、桜井厚／石川良子編『ライフストーリー研究に何ができるか――対話的構築主義の批判的継承』（新曜社、二〇一五年）を参照。

（20）前掲『セクシュアル・ストーリーの時代』を参照。

（21）同書三一ページ

（22）同書三三ページ

（23）同書三二ページ

（24）なお、こうしたケン・プラマーや桜井厚によるライフストーリー法に対する最も先鋭的な批判には、岸政彦『マンゴーと手榴弾――生活史の理論』（〔けいそうブックス〕、勁草書房、二〇一八年）などがある。

（25）Erving Goffman, *Stigma: Notes on the Management of Spoiled Identity*, Englewood Cliffs, 1963.（アーヴィング・ゴッフマン『スティグマの社会学――烙印を押されたアイデンティティ　改訂版』石黒毅訳、せりか書房、二〇〇一年）を参照。

（26）Ian Hacking, *Rewriting the Soul: Multiple Personality and the Sciences of Memory*, Princeton University Press, 1995（イアン・ハッキング『記憶を書きかえる――多重人格と心のメカニズム』北沢格訳、早川書房、一九九八年）、酒井泰斗／浦野茂／前田泰樹／中村和生編『概念分析の社会学――社会的経験と人間の科学』（ナカニシヤ出版、二〇〇九年）、酒井泰斗／浦野茂／前田泰樹／中村和生／小宮友根編『概念分析の社会学２――実践の社会的論理』（ナカニシヤ出版、二〇一六年）ほかを参照。

（27）前掲『スティグマの社会学』七九ページ

（28）概念分析の社会学の好例として、浦野茂「発達障害者のアイデンティティ」（日本社会学会編「社会学評論」第六十四巻第三号、日本社会学会、二〇一三年、四九二―五〇九ページ）、木下衆『家族はなぜ介護してしまうのか――認知症の社会学』（世界思想社、二〇一九年）などがある。

（29）Ian Hacking, *The Social Construction of What?*, Harvard University Press, 2000.（イアン・ハッキング『何が社会的に構成されるのか』出口康夫／久米暁訳、岩波書店、二〇〇六年、二五―二六ページ）

（30）*ibid.*（同書七二―七四ページ）

（31）Lydia Murdoch, *Imagined Orphans: Poor Families, Child Welfare, and Contested Citizenship in London*, Rutgers University Press, 2006、田中和男『近代日本の福祉実践と国民統合――留岡幸助と石井十次の思想と行動』（法律文化社、二〇〇〇年）を参照。

(32) 前掲『はじき出された子どもたち』
(33) 福間良明『「聖戦」の残像――知とメディアの歴史社会学』人文書院、二〇一五年、一〇ページ
(34) 成田龍一『増補「戦争経験」の戦後史――語られた体験/証言/記憶』(岩波現代文庫)、岩波書店、二〇二〇年、二〇ページ
(35) 同書二〇ページ
(36) 同書二〇ページ
(37) 同書二〇ページ

第2章　「戦災孤児」のメディア表象
——敗戦後日本の自画像としての

1　「戦災孤児」、浮浪児の飢餓と貧困

総力戦として戦われた第二次世界大戦は、「戦災孤児」あるいは「戦争孤児」と呼ばれる「親がない子ども」たちを多数生み出した。特に一九四五年三月十日の東京大空襲や三月十二日の名古屋大空襲、三月十三日の大阪大空襲をはじめとする、B29爆撃機による空襲被害のなかで多くの子どもたちが「戦災孤児」になった。

敗戦直後の「戦災孤児」や浮浪児などの「親がない子ども」のうち、少なからぬ子どもたちが飢餓や餓死と紙一重の貧困経験[1]をしていたことは、当事者の手記にも多数記録されている。[2]では、そうした「子ども」たちの存在は新聞紙面という当時の代表的かつ特殊な社会表象媒体のなかでどの

ように描かれたのか。本章で扱うのは、戦災や敗戦後社会の混乱のなかで家族関係や世帯を失い、そこからはじき出された「親がない子ども」たちの社会表象をめぐる問題である。敗戦後日本社会の社会表象空間のなかで、「親がない子ども」に対してどのような象徴性や意味が付与されたのか。[3]以下、検討していきたい。

2 「親がない子ども」をめぐる新聞記事件数の推移

図4は、朝日新聞記事データベース「聞蔵Ⅱ」で「戦災孤児」と「浮浪児」をキーワードにして検索し、東京版朝刊と夕刊の記事件数の推移を表したものである。「戦災孤児」と「浮浪児」の検索見出し数はそれぞれ五百件と四百八十九件であり、検索結果中の相互重複記事数は四百六十八件だった。本分析では、合計五百二十一件の記事紙面での「戦災孤児」「浮浪児」の社会表象形成のあり方を検証する。

「戦災孤児」と浮浪児などの「親がない子ども」に関する記事は、戦時中の一九四五年五月八日以降に登場しはじめ、四六―五四年と五六―五八年にかけて多くの記事が出されたのち、八九年まで少数ではあるが紙面上に登場しつづけ、その後は確認されなくなる。

この「戦災孤児」や浮浪児をめぐる記事件数の推移は、おおよそ敗戦前後から数年間と、一九五六年から五八年前後に急速に記事件数が増加する時期の二つに区分できる。前者の時期での「戦災

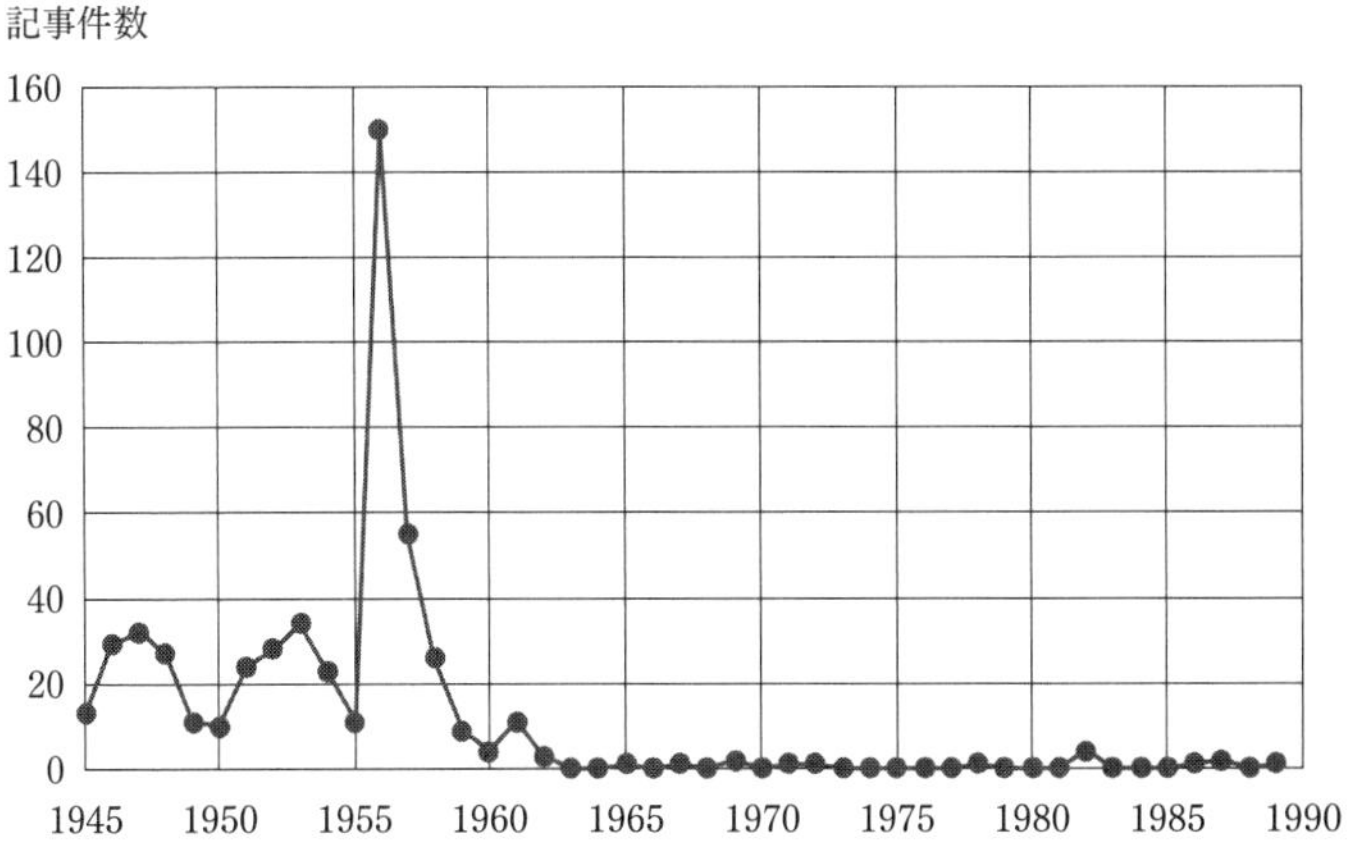

図4　「戦災孤児」と「浮浪児」をめぐる記事件数の推移（1945-89年）
（出典：「聞蔵Ⅱ」データベースから筆者作成）

孤児」や浮浪児に関する社会表象は、主に敗戦後日本社会での「戦災孤児」や浮浪児たちの姿を描き出したものであり、後者の五六年から五八年前後の時期に出た記事は、この時期に朝日新聞厚生事業団主催で紙面を利用しておこなわれた「戦災孤児」たちの「親探し運動」に関連するものである。

3　「慈しむべき哀れな孤児像」

敗戦後の「戦災孤児」や浮浪児など「親がない子ども」をめぐる表象は、まず「慈しむべき哀れな孤児像」ともいうべき像を前面に押し出してなされた。またその多くが、孤児たちが援護団体からの贈り物やクリスマス、ひな祭りといったイベントに喜ぶ姿を「美談」として表象するものだった。

そうした記事の主要なものには、「孤児楽団／奏づるは拙くとも更生の純情に泣く」（一九四六年九月五日付）、「よろこぶ孤児たち／ダンサー連がプレゼント」（一九四九年十二月八日付）、「どうも御馳走さま／在日連合婦人会で孤児招待」（一九四九年十二月三十日付）、「孤児たちへお人形／月島三中の生徒から」（一九五〇年十一月十四日付）、「〝Hさん〟ありがとう／〝すてきだ車六台〟／はしゃぎ回る孤児たち」（一九五一年十一月六日付）、「孤児をお芝居に招待／岸輝子さんの「声欄」投書で反響 俳優座に十万円の寄付」（一九五四年七月十九日付）などの見出しが掲げられている。またそこでは、「孤児も楽し江の島旅行」（一九五一年十一月十一日付夕刊）、「孤児たちはバスに乗って／一日里親に招かれて温泉回り」（一九五二年十一月二十四日付）など、孤児院（養護施設、現在の児童養護施設）の「庇護」を受けて、施設が開催するイベントに興じる子どもたちの姿も頻繁に新聞紙面上にあげられた。

　なかでも特に注意を引くのは、「親がない子ども」たちに対するアメリカ兵やアメリカ民間人の慰問や援助に関する記事が高頻度で登場する点である。代表的なものに「巣立つ愛児の家の子ら／お土産もどっさり リードおばさん有難う」（一九四九年十一月二十八日付）、「積り積って二千万円／孤児の家へ贈る 朝鮮最前線の米兵さん」（一九五一年七月八日付）、「孤児達にお人形／太平洋市長会議に出席のサッター氏 進駐当時の念願果たす」（一九五一年十月二十九日付）、「孤児を訪問 クラーク大将婦人」（一九五二年十月二十日付夕刊）などが挙げられる。

　敗戦後日本社会の「戦災孤児」や浮浪児など「親がない子ども」たちの表象は、戦災で壊滅的な打撃を受け、また「庇護」が必要な敗戦後社会の象徴的存在というものだった。また、アメリカ兵やアメリカ民間人による「戦災孤児」たちの「庇護」が紙面上で大きく取り上げられたことも、敗戦後日本社会の象徴的な一局面を表している。敗戦後の「親がない子ども」たちをめぐる表象は、子どもたちをアメリカ兵やアメリカ民間人からの「庇護」を受ける対象として、彼らが子どもたちのいわば「親役割」を担うようにして、「慈しむべき哀れな孤児像」を前面に打ち出して形成された。

4 「不良化し犯罪化する危険な浮浪児像」

このように、「慈しむべき哀れな孤児像」を前面に押し出す記事が紙面上をにぎわせていた一方で、「親がない子ども」たちの存在は、敗戦直後の社会治安の悪化と結び付けられながら、いわば「不良化し犯罪化する危険な浮浪児像」ともいうべき姿を克明に描き出すようにして扱われることが多かった。

図５の記事は、一九四七年七月十日の深夜十一時から警官によって東京駅でおこなわれた浮浪児の狩り込みの場面である。そこでは、「ヌマカン」（沼津駅行き東海道線の最終列車を無賃乗車でねぐらにし、翌朝始発でまた東京駅に戻る）目当てに東京駅付近に当時よく集まっていた浮浪児たちを狙って狩り込みがおこなわれ、浮浪児たちが捕まり、麹町保護所に移送される場面を描き出している。またこの記事では、この日に二十七人の浮浪児を深夜二時に保護所に収容したものの、翌朝までにはそのうちの十人以上がそこから逃亡したことも記載している。敗戦後の浮浪児問題への対処では、

図5　狩り込みにあう浮浪児
（出典：「朝日新聞」1947年7月12日付）

「浮浪児狩り」による施設収容とそこからの脱走のイタチごっこを繰り返していたことは前章でも述べた[4]が、このイタチごっこは「不良化し犯罪化する危険な浮浪児像」を前面に押し出す記事のなかでは、とりわけ頻繁に取り上げられる主題だった。

この「不良化し犯罪化する危険な浮浪児像」を前景化する主要な記事には、「救ひなき人々の姿「探訪記」／荒ぶ罪の時「上野」／群をなす少年らの悪事」（一九四六年二月二十四日付）、「ふえる新顔〝家なき児〟消えぬ彼らの生活／孤児と偽る家出三割／芝浦へ〝天国〟移動／勘で逃げ出す取締り」（一九四六年七月二十五日付）、「なぜ増える、浮浪児／大人はだしの実入り／なじまぬ収容所生活」（一九四七年五月二十一日付）、「浮浪児へ二つの在り方／当局も迷う対策／〝鉄格子〟と〝愛の監視〟」（一九四八年四月八日付）、「上野「地下道の住人」一掃／犯罪にくれる二十四時間」（一九四八年四月十七日付）、「東京百面相／悲しみにゆがむ顔／暮の街に忘れられた路上生活児」（一九五一年十二月三十一日付）などが挙げられる。

5　「平和への祈願としての原爆孤児像」の形成

敗戦後日本社会のなかでは、「戦災孤児」や浮浪児など「親がない子ども」をめぐる表象は、「慈しむべき哀れな孤児像」と「不良化し犯罪化する危険な浮浪児像」という、対極にある二重の描かれ方を伴って形成された。他方で、特に被爆地広島での「戦災孤児」たちに対しては、いわば「平和への祈願としての原爆孤児像」ともいうべき表象形成を伴いながら、国外に向けた国際的なシンボルとしての意味付与がされていく。

図6は、広島の原爆で「親を亡くした子ども」たちが、「精神養子運動」（アメリカ人が原爆孤児を精神的な養子とし、精神的な親が年額二十ドルの養育費を送る運動）を主導したノーマン・カズンズにお礼の手紙を切々とつづる場面を紙面上に

図6　ペンをとる原爆孤児
（出典：「朝日新聞」1950年7月8日付）

大きく取り上げた「朝日新聞」一九五〇年七月八日付朝刊の記事である。記事は「ペンをとる原爆孤児　「戦争はいやだ」　米の養父へ切々の手紙」という見出しがついていて、そこには以下のような手紙の内容が付記されている。

親愛なるカズンズさま。私たちは小父さまの御労力により、将来幸福が訪れてくることを確信しています。もう八月六日が近づいて来ます。一生忘れることが出来ない日。戦争―聞いただけでも恐怖で身が縮みます。

平和―ぼくたちはだれよりも平和を愛し、主張するものです。平和はだれでも知っており、またみながそういゝながら、逆に韓国と北鮮が戦をはじめたのです。あゝどうして平和が訪れて来ないのであろうか。ぼくは一人さびしく星を仰ぎ、ながめ、涙ぐんでいます。

この記事のように、「平和への祈願としての原爆孤児像」の表象が前面に打ち出された記事の主要なものには、「米誌に原爆孤児の作文／素直な筆につづった思い出」（一九四七年八月十一日付）、「孤児も参列／広島原爆記念祭」（一九五一年八月七日付）、「高松宮妃が御激励／原爆孤児光輪閣へ」（一九五二年三月三十一日付夕刊）、「原爆孤児　〝精神養子〟に／トロウベル女史、四名を選ぶ」（一九五二年五月十六日付）、「〝精神養子運動〟で原爆孤児を励まそう」（一九五三年八月五日付夕刊）、「〝原爆の子〟精神養子に／日本人の手で全国運動へ」（一九五三年一月二十六日付夕刊）などが挙げられる。

「慈しむべき哀れな孤児像」を前面に押し出した記事では、「親がない子ども」「親を亡くした子ども」に対するアメリカ兵やアメリカ民間人からの「庇護」を紙面上で大きく取り上げる頻度が高かったことは前述のとおりだが、特に「平和への祈願としての原爆孤児像」を強調した新聞記事のなかでは、アメリカ民間人からの「庇護」が記事になる頻度がより増加するという傾向が見いだせる。そのような文脈のなかで、原爆で「親を亡くした子ども」たちの姿には「反戦のシンボル」としての意味付与がなされていくことになった。

6 「戦災孤児」たちの「親探し運動」と「親子再会の物語」

以上、敗戦後日本社会での「戦災孤児」や浮浪児たちをめぐる社会表象のあり方を、敗戦後から約七、八年間の記事内容を中心にみてきた。他方で、「親がない子ども」をめぐる新聞記事件数は、敗戦後十年あまりを経た一九五六年を境に数年にわたって劇的な増加をみる。その多くは、「この子たちの親を探そう」と題する「戦災孤児」たちの親探し運動に関する記事であり、またそのあとに親との再会を果たした子どもたちの物語を掲載するものだった。

この「戦災孤児」たちの「親探し運動」は、一九五六年二月二十二日に東京・九段の知事会館で開かれた全国知事会の席上で、当時兵庫県知事の職にあった阪本勝が「孤児のため全国的な親探し運動をはじめよう」と呼びかけたことを皮切りに、朝日新聞厚生文化事業財団の協力のもと、主に

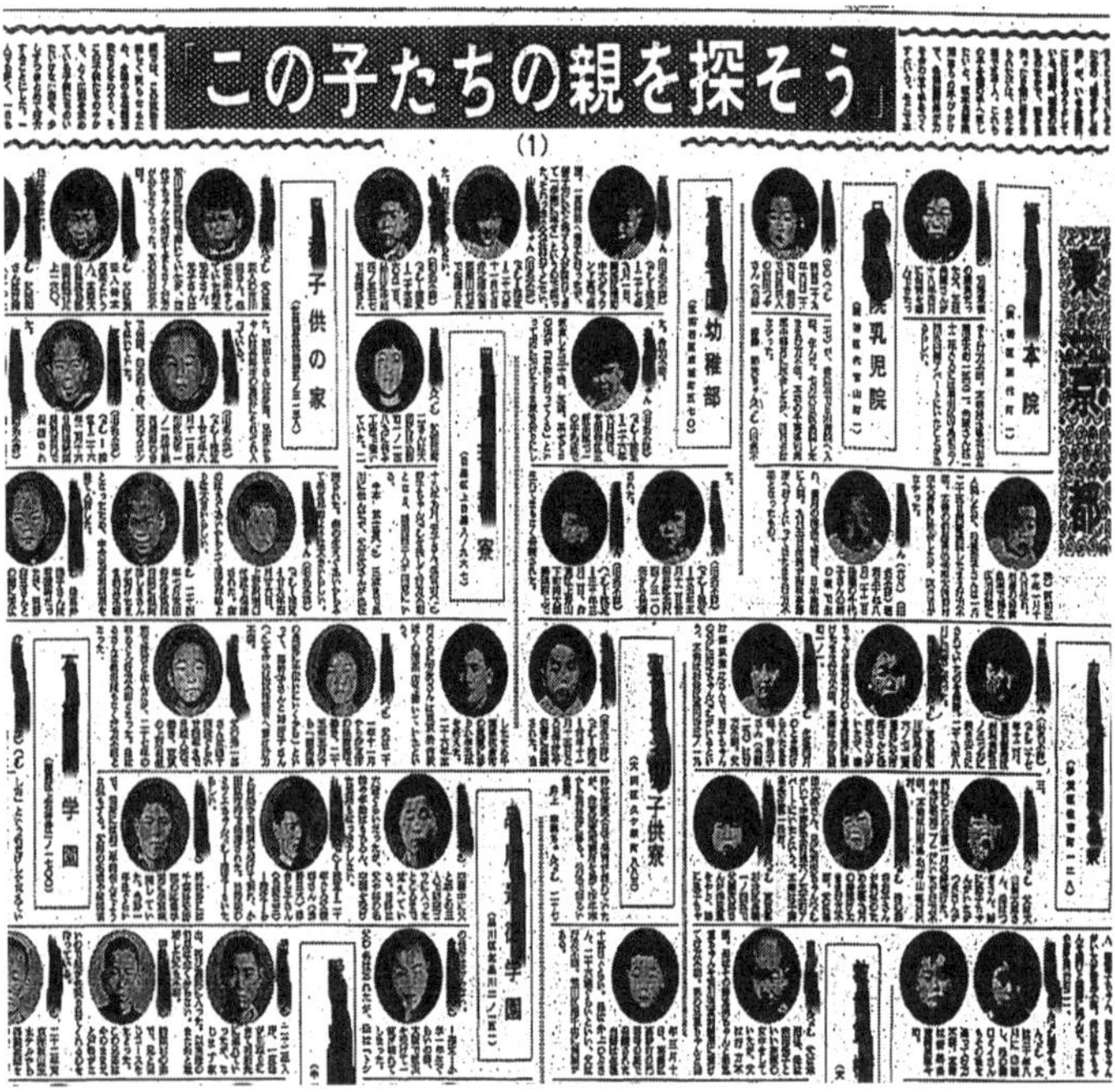

「この子たちの親を探そう」

(1)

東京都

[redacted]本院

[redacted]乳児院

[redacted]幼稚部

[redacted]寮

[redacted]子供の家

[redacted]学園

[redacted]子供寮

[redacted]学園

[redacted]寮

図7　「親探し運動」記事
（出典：「朝日新聞」1956年2月25日付）

「朝日新聞」の紙面を利用して開始された。同運動は、全国の児童養護施設や乳児院、教護院などの児童福祉施設で生活する子どもたちの施設入所当時の写真と、名前が判明している場合は名前を紙面に記載し、施設に保護された当時の様子を詳細に記載した。

図7は、一九五六年二月二十五日付「朝日新聞」朝刊に紙面の全面を使用して掲載された記事の一部である。本書中では黒塗りにしてあるが、当時の紙面上には、孤児たちの実名（判明している場合）と現在生活している児童福祉施設の名称を記載していた。

「この子たちの親を探そう」と題する記事の掲載活動は一九五六年二月から五八年十月まで続けられ、計千三百四十人の孤児たちの名前と写真、そして子どもの特徴や保護されたときの様子、子どもの記憶にある親の名前や離れた場所などを期間中全面に掲載しつづけた。

また、「親探し運動」の結果見つかった親と子どもの再会の場面も、一九五〇年代半ばから後半のこの時期に多く紙面上をにぎわせた。図8は、この「親探し運動」が開始されてしばらくした一九五六年五月六日付朝刊の記事であり、前日の「こどもの日」に再会した親子の物語とともに報じている。見出しは「大声で泣く節子ちゃん／こどもの日 名乗り出た母を見て」と題していて、「親探し運動」の紙面を見て駆け付けた母親と娘が泣き合いながら再会するシーンを大きく取り上げている。

一九五〇年代半ばから後半にかけて、「親探し運動」の結果生まれた「親子再会の物語」を前面に押し出す主要な新聞記事には、「憲ちゃんも見つかる／五年ぶり 清瀬で――〝親探し〟運動」（一九五六年四月四日付）、「「見つかった子」百人／肉親との対面八十四人――〝親探し〟運動」（一

大声で泣く節子ちゃん
こどもの日＝名乗り出た母を見て

図8　「親子の再会」をめぐる記事
（出典：「朝日新聞」1956年5月6日付）

九五六年四月五日付）、「はや三組四人の子を引合わせ／荒川区役所内山淑子さん――〝親探し〟運動」（一九五六年四月十四日付）、「古新聞が縁つなぎ〝あっ、この笑顔だ〟／母子の対面――〝親探し〟運動」（一九五六年五月三十日付）などが挙げられるが、記事総数は枚挙にいとまがないほどの量に及んだ。戦後日本社会の「戦災孤児」や浮浪児などの「親がない子ども」の新聞紙面上の掲載数と掲載スペースを概観するならば、いちばん多くの記事が出たのがこの「親探し運動」をめぐるものと「親子再会の物語」を打ち出すものだった。

そのあと、この「親探し運動」が終息するにつれて、「戦災孤児」や浮浪児などの「親がない子ども」をめぐる記事は劇的に減っていく。このことからも、「戦災孤児」や浮浪児たちの「親探し運動」や「親子再会の物語」を強調する新聞記事は、戦災による「親がない子ども」をめぐる敗戦後日本の言説空間を閉じる象徴的な意味合いを付与されながら形成された、ということもできるかもしれない。

おわりに——描かれることがまれだった飢餓貧困問題

以上、敗戦後日本での「戦災孤児」や浮浪児など「親がない子ども」をめぐる社会表象の変遷を、主に敗戦後から一九五〇年代後半の新聞記事の分析を通じて概観してきた。そこでの子どもたちの姿は、「慈しむべき哀れな孤児像」という側面と「不良化し犯罪化する危険な浮浪児像」という側面の、いわば対極的な表象を伴って、敗戦後の数年間にわたって二重の描かれ方をした。また特に、「慈しむべき哀れな孤児像」を描く記事には、アメリカ兵やアメリカ民間人から「庇護」される孤児像が頻繁に描き出された。戦災で「親」を亡くし、施設で生活する子どもたちは、戦災で壊滅的な打撃を受けて「庇護」を必要とする敗戦後日本社会の象徴的存在として描き出された一方で、駅頭や地下道にたむろする浮浪児などの「親がない子ども」は、敗戦後の社会治安の悪化と結び付けられながら、混乱する敗戦後社会の象徴として描き出された。その意味で、「慈しむべき哀れな孤児像」と「不良化し犯罪化する危険な浮浪児像」という「親がない子ども」をめぐる二重の表象は、敗戦後日本社会の自画像の裏表でもあった、ということもできるかもしれない。また、この「親がない子ども」をめぐる社会表象の表裏を形成していた二つの表象の前者が「保護されるべき子ども」という、いわばポジティブな意味合いを前面に打ち出して形成されたのに対し、後者は戦後の治安悪化と結び付けられて「逸脱視」されながらネガティブな表象として形成された。敗戦後の

「親がない子ども」をめぐる社会表象のいわば正常／逸脱の線分が、施設での保護がなされているか否かをめぐって形成されていたことも重要な点である。

他方で、特に被爆地広島の「戦災孤児」たちの姿は、それ以外の地域の「親がない子ども」とは異なる特異な表象を形成しながら新聞紙面に登場した。原爆で「親を亡くした子ども」の姿は、「平和への祈願としての原爆孤児像」ともいうべき表象を前面に打ち出して記事化されるとともに、アメリカ民間人からの「庇護」を受ける姿がきわめて高い頻度で掲載された。戦後数年間に生まれた「親がない子ども」をめぐる表象のなかでも、「慈しむべき哀れな孤児像」と「不良化し犯罪化する危険な浮浪児像」という二重の描かれ方が、戦災で甚大な打撃を受けた敗戦後日本社会の自画像の裏表だったとするならば、この「平和への祈願としての原爆孤児像」は、国外に向けた国際的なシンボルとしての意味付与を伴って表象を形成した、ということもできるかもしれない。

その一方で、敗戦後日本の新聞紙面という特殊な社会表象空間のなかでは、前章で紹介した菊池俊吉が板橋の東京都養育院の栄養失調児を撮った写真（写真3）や子どもの施設内での餓死の実態など、子どもの餓死・貧困問題をめぐる凄惨な実態が積極的に報道されることがきわめてまれだった、という点にも注視する必要があるだろう。当時、「戦災孤児」や浮浪児として生活をし、施設のなかで生活をした当事者や施設職員の手記には、敗戦直後に施設に収容されたものの餓死した幼児や精神に失調をきたして壁に頭を打ち続けている子どもなど、生と死が紙一重の状況にあった子どもの餓死貧困に関する記載が無数に存在する。[5] こうした施設内の生活苦や運営資金の不足などは、当時の児童施設を取材した新聞記者たちの目にも当然焼き付く光景だったはずである。他方で、新聞紙面上での「施設の子ども」の大部分は、前述のように「慈しむべき哀れな孤児像」を形成し、主にクリスマス・イベントや慰問行事などのポジティブな側面だけを切り取って表象された。その意味で、敗戦後の言説空間のなかでは、「戦災孤児」や浮浪児などの「親がない子ども」をめぐる肖像は、その背後に当然のようにあった彼ら／彼女たちの凄惨な飢餓貧困問題を意図的に隠蔽して形成されたということもできる。

　戦災や敗戦後社会の混乱のなかで「親がない子ども」のこうした姿は、敗戦後七、八年を経るなかで紙面上に登場する頻度が減っていくが、一転して一九五六年二月以降、「戦災孤児」たちの「親探し運動」記事や「親子再会の物語」をめぐって形成された膨大な量の記事が紙面上をにぎわせることになった。この「親探し運動」が戦後十年半あまりを経た一九五六年二月に開始されたことは、戦後日本の家族史を考察するうえでもきわめて大きな示唆を含んでいる。また同時期が、日本社会で「子ども」を中心にした近代家族が大衆化していく戦後家族体制の確立時期とも重なっていることもきわめて示唆的である。[6]「親探し運動」は一九五六年二月から五八年十月という時期に「この子たちの親を探そう」という見出しを伴って、「戦災孤児」などの敗戦後の混乱期に「親から引き離された子ども」の親を探すことを目的として開始された。しかし、紙面上に掲載された子どもたちの年齢や出自を詳細に検討すると、そこには「戦災孤児」だけでなく、当時二、三歳や四、五歳の子どもたちなど、親が貧困などの理由で児童相談所や施設に預けたまま行方不明になった子どもたちが多数含まれていることがわかる。この「親探し運動」はその意味で、親元から離れて生活を送る子どもたちを家族のなかに回収する企図をもっておこなわれた運動という性質も多分に有するものだった。では、なぜこの時期に子どもたちを家族のなかに回収する企図をもって「親探し運動」が立ち上がったのか、という点に関しては、今後、戦後日本の家族規範の形成や「正常な子ども」の発育をめぐる発達心理学の興隆との交錯関係など様々な観点から検討を要する大きな論点であり、その作業には別稿が必要になる。ここでは、この運動が開始される五六年という敗戦後十年強を経た時期に、ようやく「子どもを親元へ帰そう」と公的に言明できる程度までに日本経済が曲がりなりにも復興を遂げたという背景があっただろう、という推測にとどめておきたい。

　他方で、この「親探し運動」のなかで実現した「親子再会の物語」を強調して掲載した紙面のなかでは、敗戦後の混乱のなかで親と生き別れて「親がない子ども」になった孤児たちが実親と再会する場面を大きくクローズアップして表象された。その意味で、この「親探し運動」と「親子再会の物語」を前面に打ち出す「親がない子ども」の表象は、甚大な打撃を受けた敗戦後社会の終わりを告げる物語として、またこの時期に大衆化していく近代家族主義との交錯関係のなかで紡ぎ出された社会表象だった、ということもできるかもしれない。

　以上、敗戦後社会での「親がない子ども」をめぐる社会表象の変遷をたどってきた。彼ら／彼女たちは、当初は敗戦後日本社会のシンボルとして、またその後、一九五〇年代後半以降は戦後の終わりを告げる物語としての意味付与を伴って表象された。本章で扱ったのは、主に敗戦後日本社会での「親がない子ども」をめぐる新聞紙面という、特殊な社会表象空間の形成の変遷だった。他方で、そこでなされたのは、あくまでも敗戦後日本社会の主導者たちが「親がない子ども」をまなざすことによる表象形成であり、「戦災孤児」たちが新聞記事のなかで自らの凄惨な経験を訴えるという「戦災孤児」たちの当事者語りを軸にした紙面が形成されることはなかった。では、その後の「沈黙の半世紀」「沈黙の七十年」という長い語りの空白時期を経たのちに、彼ら/彼女たちは自らの過去をどのように語り、どのようにして自らのライフストーリーを形成するに至ったのか。次章以降で詳しく検討していきたい。

注

(1) 敗戦直後の児童福祉施設の困窮状況をつづった主要な記録集には、全国社会福祉協議会養護施設協議会調査研究部『全養協20年の歩み』(全国社会福祉協議会養護施設協議会、一九六六年)や、前掲『養護施設30年』などが挙げられる。

(2) 西村滋『雨にも負けて風にも負けて――戦争孤児十三万人の歪められた軌跡』(双葉社、一九七五年)、前掲『焼け跡の子どもたち』などが挙げられる。

(3) 「戦災孤児」や浮浪児などの存在が敗戦後社会の象徴として取り上げられたことを物語る作品として、一九四七年七月五日から五〇年十二月二十九日までNHKラジオで放送された『鐘の鳴る丘』(脚本:菊田一夫)が挙げられる。この作品のなかでは、空襲で親を失った孤児たちが復員兵と共同生活する。また、これは初年は毎週土曜日と日曜日の十五分間の放送だったが、聴取者の多くの反響を呼び、翌年からは月曜日から金曜日の連日放送へと変更されたこと、このラジオ放送が一九四八年から四九年にかけて松竹大船による製作で三部作の映画(『鐘の鳴る丘 隆太の巻』『鐘の鳴る丘 修吉の巻』『鐘の鳴る丘 クロの巻』〔監督:佐々木啓祐〕)になって大きな反響を呼んだことなどからも、放送を媒介して「親がない子ども」の存在が敗戦後社会の象徴的存在として表象されていく状況が見て取れる。また、この『鐘の鳴る丘』についての教育史からの検討に、逸見勝亮「NHK連続放送劇「鐘の鳴る丘」の一過性打破と視覚化――放送脚本刊行・舞台上演・映画を中心として」（北海道大学教育学部教育史・比較研究グループ編「教育史・比較教育論考」第二十一号、北海道大学大学院教育学研究院教育史・比較教育研究室、二〇一四年、一―五一ページ）が、また「戦災孤児」の表象やその実態分析に関する主要な研究に、逸見勝亮「第二次世界大戦後の日本における浮浪児・戦争孤児の歴史」（教育史学会機関誌編集委員会編「日本の教育史学――教育史学会紀要」第三十七集、教育史学会、一九九四年、九九―一一五ページ）、逸見勝亮「敗戦直後の日本における浮浪児・戦争孤児の歴史」（「北海道大学大学院教育学研究院紀要」第百三号、北海道大学大学院教育学研究院、二〇〇七年、一一一―五三ページ）、北河賢三「戦後日本の戦争孤児と浮浪児」（民衆史研究会編「民衆史研究」第七十一号、民衆史研究会、二〇〇六年、二七―四三ページ）がある。

（4）前掲『はじき出された子どもたち』、石井光太『浮浪児1945――戦争が生んだ子供たち』（新潮社、二〇一四年）、前掲『占領期の福祉政策』ほかを参照。

（5）前掲『雨にも負けて風にも負けて』、前掲『養護施設30年』など。

（6）戦後日本における近代家族規範の大衆化に関しては、落合恵美子『21世紀家族へ――家族の戦後体制の見かた・超えかた 第4版』（〔有斐閣選書〕、有斐閣、二〇一九年）、田間泰子『「近代家族」とボディ・ポリティクス』（世界思想社、二〇〇六年）、荻野美穂『「家族計画」への道――近代日本の生殖をめぐる政治』（岩波書店、二〇〇八年）などを参照。

第3章　語りの制約
——沈黙の背後にあるもの

本書の課題の一つは、「戦災孤児」あるいは「戦争孤児」という社会的カテゴリーを付与された人々が、自らのライフストーリーを産出すること／しないことをめぐる政治と、自らのライフストーリーを産出するために必要な「社会的条件」を検証することである。まず、彼ら／彼女たちが「戦災孤児」経験を語る際の制約とその背景に関して検討していく。

1　調査対象者の生活史と出身階層

十人の生活史

分析に移る前に、本書の十人の調査対象者の生活史を以下に整理しておきたい。

Aさん：一九四一年、東京市本所区業平橋生まれの女性。父、母、Aさん、妹の四人家族。父は精工舎（現セイコーホールディングス）に勤めていて、東京大空襲当時には精工舎は軍事工場になっていた。四五年三月九日から十日まで、母の実家にAさんが預けられていたときに東京大空襲に遭って両親と妹を失う。その後、群馬県高崎市の祖母の実家に一年いたあと再び東京に戻って、母方の祖父母と叔母と一年半を過ごす。その後は父親の実家間でたらい回しにされて、そこで半年を過ごす。六歳のときに父親の姉の嫁ぎ先に「お手伝い」として引き取られるも、そこで凄惨な差別を受ける。高校卒業後神奈川・平塚のデパートに就職する。二十三歳で結婚して千葉に移る。

Bさん：一九三八年、神奈川県横浜市生まれの女性。七歳のときに横浜大空襲（一九四五年五月二十九日）に遭い、両親を失う。その際、父親は上半身が直撃弾で飛び散った姿で発見される。その後、Bさんは祖母の家で暮らすも、祖母が子どもの世話を見ることができなくなり、Bさんは施設に入ることになる。Bさんは数カ所の施設での生活を余儀なくされるが、その際に暴力を含む凄惨な虐待にあう。施設のなかで出会った数人の友人とはその後も付き合いがある。その後、就職して結婚、横浜市内で生活を送る。

Cさん：一九三六年、東京市深川区生まれの女性。両親と五人兄弟の七人家族。九歳のときに新潟県中蒲原郡に疎開。疎開時に、四五年三月十日の東京大空襲で兄、姉、Cさんを除く家族四人を亡くす。一時期親戚や兄と生活するも折り合いが悪く、東京・浅草に出て浮浪生活を送る。その後、大塚の児童相談所経由で里子に出されるが学校には行かせてもらえず、「お手伝い」としての労働生活を送る。その後、児童養護施設に入所し、退所後は職を転々とする。二十歳で結婚し、神奈川・川崎で生活を送る。

Dさん：一九三五年、兵庫県神戸市生まれの男性。両親とDさんの三人家族。四五年三月十七日と五月十一日の神戸空襲で父と母をそれぞれ亡くす。神戸空襲で焼け残った銀行の金庫をねぐらに浮浪生活をする。狩り込みにあって神戸市内の孤児収容施設に入所するが、施設内の劣悪な環境から逃げ出すように脱走する。その後は上野や浅草で浮浪生活を送るが、再度狩り込みにあって板橋の東京都養育院に収容される。再び上野の地下道をねぐらに浮浪生活をしたあと、大塚の児童相談所経由で長野県の孤児施設に移る。その後、農家に里子として出されるも、大変な労働生活を強いられる。鉄鋼所に住み込みで勤務しながら定時制高校に通い、続けて夜間大学を卒業する。

Eさん：一九三五年、東京市浅草区生まれの女性。三歳のころに父を亡くし、母、姉、Eさん、妹の四人家族。九歳のときに宮城県に集団疎開。四五年三月十日に母たちと大阪の郊外に移るために東京に戻るが、東京大空襲で焼け野原になった東京下町の光景を目の当たりにする。叔父から自宅が全焼したことを知らされたEさんは、しばらく叔父宅にいるも、その後六月になって東京大空襲で行方不明になっていた母親の遺体が隅田川に上がったことを知らされる。奈良の親戚宅に二カ月、兵庫の親戚宅に一カ月いたあと、姫路の親戚の家に移動する。姫路の家には七人もの子どもがすでにいて、Eさんはそこで労働力として過酷な使役を受ける。

Fさん：一九三五年、東京市本所区生まれの女性。父、母、兄、Fさん、弟の五人家族。弟とFさんが茨城に疎開中に三月十日の東京大空襲で父母を失う。兄の家を頼って兄の子ども三人、Fさんと弟、いとこの子ども六人で生活をする。その間、弟とともに旋盤や納豆売り、花売りをして過ごす。「孤児だから」という理由で就職に大変苦労するが、旅館の女中をしながら定時制高校に通う。弟と二人暮らしを始め、苦学して大学に入学するも結核性腹膜炎で入院をする。その後は就職して労働組合活動に従事。共産党にも入党して、戦争がない平和な世界実現のために尽力する。

Gさん：一九三四年、東京市城東区砂町生まれの男性。父、母、姉、兄、Gさん、弟、妹の七人家族。十歳のときに山形県南陽市赤湯温泉に疎開。父と母、姉を東京大空襲で失う。Gさんと弟・妹は最初は長野にある親戚の家に別々に預けられたあと、各地を転々とする。Gさんは長野の親戚の家から里子として背中に入れ墨がある長野県の夫妻の家に預けられるが、そこでの重労働と酷使に耐えかねて脱走し、上野の焼け跡で浮浪生活をする。その後、文京区の富坂警察署で保護され、児童相談所に移送される。東京都内にある施設（教護院）に入る（一年半）。十五歳で、上野竹町（現在の台東区おかず横丁付近）にあった中国籍の人が経営する中華料理店に小僧に出る。その後独立して、文京区千駄木に中華料理屋を開業。

Hさん：一九三三年、大阪市港区生まれの男性。十一人兄弟の末っ子。集団疎開で香川県観音寺に行き、小学校六年生の三月初頭に集団疎開解除で大阪に戻る。直後の三月十三日の大阪大空襲で家族が行方不明になる。その後、親戚宅に移るもいじめを受けて逃走し、大阪駅付近で浮浪児の仲間に入り、闇市の手伝いなどをしながら生活する。浮浪児メンバーに促されて東京に行って、上野を起点に有楽町や浅草で浮浪生活を送る。狩り込みで捕まって板橋の東京都養育院に措置される。久留米で労働力として使役に出される。都内の良心的な施設に保護され、あてがわれた職を十四、五カ所転々とする。その後、鉄鋼所に勤務。

Iさん：一九三三年、東京市深川区生まれの女性。両親と五人兄弟の七人家族。東京大空襲を経験し、家族と離れ離れになり、母と二人の妹を失う。Iさんは防空壕から出たあと、学校のプールに飛び込んで九死に一生を得る。その後、父も空襲時のやけどが原因で死亡。Iさん自身もひどいやけどの後遺症に悩まされる。その後は遠縁の家で女中として生活するも、学業は中断せざるをえなくなる。新橋のすし屋で住み込みで働いて二十二歳で結婚。川崎に移住する。

Jさん：一九三〇年、東京市城東区生まれの女性。父親は鉄道員。十四歳のときに母方の実家の山形に疎開。四五年八月十日の山形県酒田付近での空襲で両親といちばん下の妹を失う。叔父（母の弟）に一万円を持たされて、弟（十歳）と妹（八歳）とともに父親の実家（茨城県今市市）で世話になるように指示される。父親の実家とは疎遠になっていたJさんは、行っても世話してもらえないだろうと判断し、東京へ戻るも、そこで東京大空襲で焼け野原になった焦土を目の当たりにする。その後、弟と妹を連れて上野駅近辺で浮浪生活。叔父にもらったお金を握り締めて、上野の地下道で飢えをしのいだ。その後は奉公などをしながら各地を転々とする。

出身階層

以上、「戦争孤児」当事者十人の生活史を概観したが、彼ら／彼女たちの出身階層は下層では決してないことにまず言及しておきたい。敗戦当時も現在も、もともと経済基盤が脆弱な貧困階層に出自を有する人々が空襲被害を受け、「戦災孤児」や浮浪児になって上野駅や梅田駅などの駅頭にたむろしていたという誤った通念が存在するからである(1)。

例えば、Aさんの父親は精工舎に勤める会社員であり、亡くなった当時は役職に就いていた。またCさんの父親はガラス職人で、Eさんの父親はスポーツ製品製造の職にあった。またFさんは裕福な古物商の娘であり、Hさんは警察官の息子だった。本書の調査対象者には、現在の東京都江東区や墨田区本所など、当時の東京市内で下町を形成し、また特に東京大空襲時に被害が著しかった地区の出身者が多いが、彼ら／彼女たちはそうした地区の職人や製造業者の子どもである割合が、少なくとも本書の調査対象者には比較的多いことがわかる。

2　なぜ自分の「戦災孤児」経験を語れない／語れなかったのか

「戦災孤児」あるいは「戦争孤児」というカテゴリーを付与された人々の多くにみられる「沈黙の半世紀」「沈黙の七十年」ともいうべきライフストーリーの不在の要因を問うことが、本書の主題である。では、なぜ、「戦災孤児」当事者は自らの経験を半世紀以上もの長い間語ることができなかったのか。また、戦後七十年以上を経過したいまもって「戦災孤児」としての子ども時代を語らない／語れない人々がこれほどまでに多いのはなぜなのか。

戦災などで孤児になった人々がほぼ例外なく遭遇するのが、子ども期に両親をともに亡くしたことによる社会的信用の失墜と、それに伴う被暴力の経験である。ある者はいわれのない盗人の疑いをかけられ、ある者は容赦ない過酷な労働を強いられる。また、女性である場合には、レイプなどの性的被害と隣り合わせの境遇に置かれることも多い。

「戦災孤児」たちに生じた社会的信用の失墜ともいうべき環境の変容は、成人した者が（戦災時にかぎらず）両親を亡くした場合と比較すると事態をより適切に把握しやすいだろう。例えば、三十歳代半ばに戦災などで両親を亡くした人を例にとれば、そのことによって彼ら／彼女たちに社会的信用の失墜がこれほどまで劇的に生じるとは考えにくい。「戦災孤児」たちへの偏見のまなざしは、両親をともに亡くした経験が、ほかならぬ子ども期に生じたことに起因する。子ども期に両親をともに亡くすことは、「しつけがなされていない子ども」「非行に走りやすい子ども」というラベルを当事者に付与しやすい。また、そうした社会的偏見の背後には、「子どもは両親がそろっている家庭で育つことが当たり前」という社会的通念や、「正常」な家族形態としての近代家族規範の興隆と普及とが介在している。(2)

「戦争孤児」当事者語りの先駆者である前述の金田茉莉は、「全然、私もずっと隠してきたんですよね」と、自らもまた五十歳になるまで自身が「戦災孤児」だったことを語れなかったことにふれながら、その理由を「だって、私なんかそうだけど、みんな馬の骨だの、豚の骨だのって言われてきて、もうすっごい、あのね、孤児だってこと言わなかったらね、普通でいられる」と述べ、「戦災孤児」であることを周囲に語ることで付与されるスティグマの影響力の大きさを語る。

社会学者のゴッフマンは、社会のなかで付与される負のラベルのことをスティグマと呼び、そうしたスティグマが目に見えないものである場合には、スティグマ者はパッシングや情報操作という自己提示戦略を駆使することを強いられると指摘している。(3)

「戦災孤児」当事者にとって、子ども期に両親をともに亡くすことは、自分にとっての精神的・物理的な支えを失うことに加えて、社会的偏見のまなざしにさらされ、スティグマが付与されやすい状況に投げ出されることを意味した。そして、そうした「戦災孤児」というスティグマ化されたカテゴリーを付与されるために、彼ら／彼女たちは自らの境遇を他者に語らないという、パッシングを軸とする自己提示戦略を採らざるをえない。「戦争孤児」経験者が自らの「子ども時代」の経験を黙して語らない／語れない理由の一つには、社会での孤児に対するスティグマ付与の経験が深く関与している。

3　「戦災孤児」だったことの沈黙

「戦災孤児」だったことを周囲に語る／語らない

次に、「戦災孤児」当事者たちが自らの過去を周囲に語らない要因、そして語ることができる「社会的条件」(4)についてみていきたい。本書の調査対象者十人のうち、Fさんを除く九人は半世紀以上の長期にわたって自らの過去について堅く口を閉ざしてきた人たちである。語りだした時期はそれぞれ異なるが、第6章「「戦災孤児」から「戦争孤児」へ——カミングアウトと裁判」で詳しく検討するように、サポートコミュニティ(5)への参加や二〇〇七年に始まる東京大空襲集団訴訟、そして戦後七十年にあたる二〇一五年前後を契機にして自らの過去を語りだした人たちが多数を占める。なお、Fさんは自分の人生のなかでさほどの抵抗感なく自らの「戦災孤児」経験の過去を話すことができたが、それを可能にした特殊な条件に関しては本節の後半でふれたい。

語ることによる社会的地位の劣化

「戦災孤児」当事者が自らの過去に沈黙を強いられる最も大きな要因には、そうした過去を語ることによる社会的地位の劣化ともいうべき差別への恐れがある。

例えばGさんは「戦災孤児」経験を周囲に語ることについて、筆者とのやりとりのなかで以下のように語る。

筆者：自分が「戦争孤児」だったことって、他人に言わない方ってすごく多いんですか？
Gさん：多い、多い。私もね、この話同業者に三十年言ってない。みんなおやじ同士は交流はあってもね、飲み会でも何でもこの話はしない。自慢にはなんないしね。それから下に見られちゃいけないとかね、言い方悪いけど。
Gさんの夫人：ほんと言わないよね。全然。近所の人も誰も知らない。
Gさん：何にも言わない。近所の人にも言わないし。だから私、思い出したくないっつうの。学術賞でも何とか表彰でももらったんならね、博士号でも取ったとかっていうんなら言いますけど。

Gさんは、戦後七十五年以上が経過した現在であっても、またたとえ自らに最も近い同業者の人々に対してであっても、自らが「戦災孤児」当事者であることを一切語ることはない。Gさんは、その理由を「自慢にはなんないしね。それから下に見られちゃいけないとかね、言い方悪いけど」と語り、経験を語ることが、自らの社会的信用の失墜や社会的地位の低下につながりかねないためだとしている。つまりGさんは、周囲に自らの子ども期の境遇をあえて語らない戦略を採っている。Gさんの語りからは、「戦災孤児」としてのスティグマは彼ら／彼女たちが成人したあとも、また戦後七十五年以上が経過した現在であっても当事者たちを強く拘束しつづけていることが見て取れる。

現在の生活状況——底辺の生活をしている人々は語れない

また、「戦災孤児」当事者たちが自らの過去を語らない／語れない理由には、現在の生活状況が大きく関係している。現在でもなお底辺の生活をしている人々にとっては、過去の「戦災孤児」経験を語るハードルは高くなる。

「戦災孤児」当事者に知己が多いEさんは、「話できる人っていうのは、やっぱりそれなりの教養もあるし、何ていうのかな、自信がね、ある人じゃないと、話しできないんですよ」と語り、自らが接点がある「戦災孤児」当事者のなかでも、ほとんど自分の境遇を周囲に語りださない人々のことに言及しながら、以下のように述べる。

　Eさん：そんなことを世間に知られたくないっていう気持ちはあるわけですよね。またばかにされると。あの子は孤児だった。あんな暮らしをしてきたんだって。成功して社長にでもなった人ならいいですよ。あんなとこ地獄だったたって言ったたって平気ですけど、いまだに底辺の生活してる人は言えないですよ。

「戦災孤児」当事者の過去には、自らが「戦災孤児」だったことでばかにされ見下されてきた経験がほぼ例外なく横たわっている。Eさんの語りからは、「戦災孤児」当事者が自らの過去を語りうる条件の一つには、現在の生活の安定が確保されていることが必要だと見て取れる。

教育の断絶

また、「戦災孤児」当事者のなかには、空襲時に親を亡くして以降、教育が断絶している人々が多く存在するが、読み書き能力育成も含めた教育の断絶も、「戦災孤児」当事者たちが自らの過去の経験を紡ぎ出すことを抑止してきた一つの要因だろう。

第4章「社会的信用の失墜と孤児たちの経験――浮浪生活、施設生活、親戚宅での生活をどのように語るのか」で詳しく検証するように、当時親戚宅での生活を余儀なくされた人々、施設措置がなされた人々、児童相談所経由で里子に出された人々の多くは、満足な教育環境が与えられず教育機会の断絶を経験している場合が多い。また、教育機会を得られた場合であっても、そこでいい成績を収めることを期待されることは皆無に近く、多くの場合は大変な苦労をしながら就学を継続することになる。

公の場での語りに対する現在の家族(娘など)による反対

また、「戦災孤児」当事者たちの語りは、それが公の場での語りである場合には、現在の家族によって意図的に抑止される場合も多い。そうした家族からの語りの抑止は、特に裁判などの際にその傾向が顕著である。東京大空襲集団訴訟は、「戦災孤児」当事者たちも多く参加して二〇〇七年に始まり一三年まで争われたが、その過程で多くの「戦災孤児」当事者たちが、現在の同居家族などからの反対を受け、原告としての参加を見合わせた。その際の様子をAさんは、知己の「戦災孤児」当事者が裁判に「ほとんど参加すると、実は思ってました」と語りながら、以下のように語る。

Aさん：ところが蓋開けてみたら、ほとんどの人は参加しないのに逆に驚きました。（略）世代が交代してますよね。すると息子さんや娘さんと例えば同居したり面倒見てもらってる人が、自分のそういうことだけでお金のかかることに入っていくっていうのは、相当勇気が必要だったことだろうと、それをあとでわかりました。だから気持ちは入りたいけれども、息子に反対されてるとか、娘に反対をされてるとか〔で公の場に出ることができない：引用者注〕。

Aさんはそうした人々の事情を「やっぱり根が深かったですね。諸事情がそれぞれ、みんな置かれた立場で違いました」という言葉で表現し、「戦災孤児」当事者の困難の根の深さを表現する。また続けてAさんは、自らが「戦災孤児」当事者であることを語る際の障壁として、同居家族以外の親戚からの目があるとして以下のように指摘する。

Aさん：まだあるんです。そうすると、極力自分に直接関わることは言えるんですけど、これ言うことでまたそのいとことか何か影響及ぼすと、そういう迷惑はかけたくないなっていうのと、その本人よりもその子どもたちっていうのがいるじゃないですか。その子どもたちが、それを語ったがゆえにお前のばあちゃんはとかね、お前の何とかはとかね、そういうふうに言ったらその子どもたちに、もし変ないじめとかで、そっちのほうに及んだら、これは責任取れないなっていうのがあったり。

両親を亡くした「戦災孤児」当事者にとって、両親の親戚である叔父・叔母やいとことは生活をともにした経験をもつ人々も多く、またあとで詳しく検証するように、そこでの生活は悲惨な経験として語られる場合も少なくない。「戦災孤児」当事者の語りは、そのような親戚関係によってもいまだに強く拘束されていることが見て取れる。Aさんはそうした親戚関係から生じる語りの抑止について「もっと言いたいことがあるんですよ、私も。でも少しセーブをします。隠してることありますす」と語りながら、「だからまだまだそれが戦争なんですよ。本当戦争なんですよ。まだ後遺症引っ張ってるんです」と言い、「戦災孤児」だったことがいまなお多くの人々を拘束しつづけている現状を語る。

例外的に語ることが可能だったFさん

このように、「戦災孤児」当事者の多くが自らの過去を語ることに逡巡し、口を堅く閉ざすことが多い一方で、本書の調査対象者のなかでFさんは例外的に自らの境遇を語ることに抵抗感はなかったという。次に、Fさんが例外的に自らの過去を語ることができた理由についてみていきたい。

Fさんは、自らの「戦災孤児」経験をほかの人に語ることについて、「もうほら、だって開けっぴろげで何でもみんなしゃべって、それで労働組合まで作ってね、その過程で私のことはもうみんなが知ってるわけですよ。戦争で親亡くしたっていう」と語り、周囲に孤児の経験について語ることにためらいはなかったという。このようにFさんが自らの過去を語ることにためらいがなかった原因の一つには、Fさんの生活史が深く関係しているように思われる。

Fさんは職を得たあとに職場に労働組合を作るなど積極的に活動したが、その前後に、戦時中に戦争に唯一反対した党である共産党に入党し、自らの経験を開示しながら活発な反戦運動、平和運動をおこなった。Fさんは自らの共産党入党理由を、「結局戦争反対に命がけで闘った政党は、共産党っていうのはね、それでたくさんの人が殺されてますよね、戦争に反対してね。というようなこともあって、私自身が生きるのにはやっぱり党員としてね、生きる必要があるんじゃないかって」と語る。その後、Fさんは共産党組織のなかで多くの活動に長い間従事する。Fさんにとって共産党は、自らが「戦災孤児」当事者であることを認め、また語ることを許される場としてのサポートコミュニティの役割を果たした。また共産党というサポートコミュニティの存在があったために、調査対象者のなかでFさんが唯一自らの過去を語りうるための「社会的条件」が満たされた人物だったということもできるかもしれない。

特に語れなかったこと

また「戦災孤児」当事者たちには、自らの経験を語る際に、特に語れない／語れなかった生活史の一部分があることが多い。次に、彼ら／彼女たちが自らの「戦災孤児」経験のなかでも特に語れなかったことを分析していく。

親戚宅での冷酷な処遇

特に語れない／語れなかったことのなかでも、「戦災孤児」当事者によく言及されるのが、親戚宅での生活についてである。Eさんは親戚宅での「戦災孤児」たちの生活の語りづらさについて、「まあ、親戚を絶縁しているような人は、親戚のことを話すけど（略）やっぱりいまだに付き合ってる人はね。（略）話しづらい」と述べ、自らも一時期まで親戚宅での「戦災孤児」経験を語ることができなかったと話す。またそのうえでEさんは、「世間では親戚の話なんかね、育ててもらったのに悪口なんか言うべきではないとか、孤児だけが苦労したんじゃないのよって」言われることが多いことも、自らが親戚宅での生活を語りづらかった要因であることにふれ、親戚宅での冷酷な処遇について以下のように語る。

Eさん：もうほんとに、そういう親戚での〔冷酷な処遇：引用者注〕ね。で、私だけかと思ったらそうじゃなくて、みんなそうなんですよね。それで精神的にすっごい、その迫害っていうの、虐待を受けて、それでみんな自殺をしようと。だから、言うんですよ。孤児はね、自殺するか、親戚で我慢するか、浮浪児になるか、三つに一つしか方法はないんですよ。だけどそれが、やっぱりいままで孤児のことあんまり取り上げられてなかったし、まあ、「親戚に預けられてよかったんじゃないの」、その程度なんですよ。

本書の十人の調査対象者のうち一時期でも親戚宅での生活経験がある人々は八人いるが、その人たちは例外なくEさんとほぼ同様の冷酷な処遇を親戚宅で受けていて、またそのことをほかの人に語りづらかった経験を有している。このときの親戚宅は父母の兄弟姉妹宅などが多かったが、「戦災孤児」たちはそこで生活するいとこたちと同様の扱いを受けることはなく、「お手伝い」として朝から晩まで働かされることが常であり、また「お前も親と一緒に死んでくれればよかった」などの冷酷な言葉をぶつけられた人々も多い。そうした親戚宅での冷酷な処遇の背景には、敗戦直後の食料難に加えて、叔父や叔母などの家にも養わなければならない子どもが多数存在したことも大きく関係していた。

浮浪児だったことを語れない

また「戦災孤児」たちの生活の軌跡のなかでも、親戚宅での経験と並んで語られにくい事柄に、浮浪児経験が挙げられる。

例えば、空襲で「戦災孤児」になったあと、親戚に頼ることができなかったJさんは、弟妹を連れて上野駅付近で浮浪生活を送るが、そこでの経験を「まあね、でもよく生きてきたなと思いますね。上野で、たくさん子どもさん死んでくの、見てきたからね。かわいそうだなと、ずいぶん泣きましたよ」と語る。当時、上野駅は浮浪児たちの間で「ノガミ（野上）」と呼ばれ、多くの浮浪児たちがたむろする場所として有名だった。また、上野駅地下道で眠る浮浪児たちのなかには、朝になると冷たくなって死んでいった子どもが多数いたことは、当時刊行された歴史資料にも記録が残っている。(6) Ｊさんは上野でのその経験について再三再四確認するように、そして絞り出すように言葉を紡ぐ。

他方で、Ｊさんは浮浪児としての生活を送ったことを長い間誰にも（亡くなった配偶者に対しても）一切語ることはなかった。筆者がＪさんに投げかけた「ご自身に浮浪経験があったことは旦那さんにはなぜ生前話されておられなかったんですか？」という問いかけに対して、Ｊさんは「たぶん、いやに思われると思うから、しなかったのかもしれませんね、たぶん。だから、何も言わなかったですもんね。あ、そうかもしれないですね」と語ったあと、「やっぱり。こんな女もらったのかと思われるのがつらかったんですよね」と、自らが女性だからこそ、また配偶者に対してだったからこそ語りにくかった自らの浮浪経験を捉え返す。

その他、語れなかったこと

野宿したことを言えなかった（Ｃさん）

また、Ｃさんは野宿した経験を誰にも語れなかったと、自らの経験を回顧する。Ｃさんには浅草で浮浪経験があり、浮浪当日の夕暮れに人影がまばらになってくるころに大人の浮浪者と子どもに声をかけられて、「屋根も何も、板がただ載せてあるだけで、わらで編んだござみたいのを四方に囲んで、台風来たらいっぺんにつぶれそうなね、（略）そこでござが敷いてあ」る場所で野宿することになったが、その経験をＣさんは長く他人に語ることができなかった。

施設経験を言えなかった（Bさん）

また、Bさんは横浜大空襲で親を亡くしたあとに施設に入るが、その施設経験を長く誰にも話さず胸の奥にしまいこんでいた。Bさんがようやく自分の施設経験について信頼できる人々に話しだしたのは、戦後六十年以上が過ぎてからである。Bさんは自らの施設経験について以下のように語る。

Bさん：私それから先生、これから核心にふれるんです。あのね、施設に入ったんです。
筆者：ああ、そうなんですか。
Bさん：なにしろね、あたしごく親しい仲間以外、先生に初めてですよ。あたし施設にいたなんていままで誰にも話さない。

またBさんは、施設経験のなかでも特に生理の後始末をさせられたことを夫や娘にはとても話せないという。施設のなかで生理の後始末をさせられていたときのことを、Bさんは以下のように語る。

Bさん：うん。で、それだけじゃないんです。女の人には生理というのがありますね。それ洗わせるんですよ、あたしたちに。いやだってね、やらなきゃ殴る蹴るじゃない。で、いやなことは全部、少しできる子どもたちにさせて、女の人の月の生理のそれまで、あたしたちに寒いときでも何でも水、お湯なんかないでしょ。それさせられてたんです。だからこんな話はうちの娘や主人にはまだ。できませんよ、先生。

Bさんはこの生理の後始末以外にも、施設のなかで凄惨な虐待を多数受けた。Bさんが施設経験について長く口を閉ざしてきた背景には、こうした生理の後始末をはじめとする様々な施設内での凄惨な虐待経験があった。

レイプ未遂を妹にも言えなかった(Iさん)

「戦災孤児」というカテゴリーを付与されることが、人々に社会的信用の失墜ともいうべき事態をもたらすことは先にふれた。また、特に女性である場合には、レイプ未遂などの性被害と隣り合わせであることも多い。このレイプ未遂について、Iさんは長く誰にも話すことができなかった。

Iさんは、遠縁の親戚宅で女中として生活したあとに、住み込みで寿司屋で働き、その後、その寿司屋でいじめにあって職を変えようと採用の募集を探した。Iさんは、ある店の女中の募集が目にとまり、書類を出して面接に行った際のことを以下のように回顧する。

Iさん：そうしたらもう、いきなり男の人が出てきて、こっちいらっしゃいって言って、連れていかれて一対一なんですよね。それで、ねえまあ、怖い目にあいましたよ。だから、いまだったら大変なことになったろうと思いますよね。（略）それでもう、それこそすごい怖い思いして、それこそ脱がされちゃったんです。それでね、急いであの、それこそ、荷物なんか持って出たかどうか、いまはもう覚えてないですけどね。それでまた次のところ、とにかく今日仕事探さなきゃ、今日寝るとこないっていう、そういうあれでね。で、まあ、たまたま次行ったとこが、よかったんですけどね。

Ｉさんはこの危うい経験を、その後、最も信頼していた妹に対してさえ話すことができなかった。

4　語り始める契機

以上述べてきたように、「戦災孤児」というカテゴリーが付与されることは、単に親を亡くして経済的に困窮する以上に、人々に沈黙を強いるほど大きなスティグマを人々に付与することになる。また特に親戚宅での経験や浮浪経験、そして施設経験は人によっては語ることが困難な出来事となり、それらについて長く口を閉ざすことになる。また、「戦災孤児」たちは野宿経験やレイプ未遂という危険な経験とも隣り合わせであり、そうした危険な経験も人々にとっては語りがたい出来事として胸の奥に残り続ける。

そのようにして、自らの過去について口を閉ざした人々はどのような時期に、またどのような出来事を契機としながら、曲がりなりにも自らの経験を語ることが可能になったのか。以下では、「戦争孤児」当事者語りの先駆者である金田茉莉がたどった軌跡を跡づけながら、人々が長年の沈黙から口を開く契機の一端を確認したい。

金田が自らの「戦争孤児」経験を公に向けて語りだすのは、戦後四十年以上が経過した一九八〇年代後半のことである。金田が自らの経験を「私もずっと隠してきたんですよね」と語っていることからもわかるように、「戦災孤児」経験の語りにくさは、当事者語りの先駆的主導者である金田にとっても同様に強く意識されていたことがわかる。

金田が自らの「戦災孤児」経験を語り始めたのは、五十歳のころ胆嚢の重い病気になり、九死に一生を得たことが契機になっている。金田は身辺整理のために自分の古い日記を処分しようとした際に、それまでの自分史を戦災で亡くした母に報告するためにまとめ、それを『母にささげる鎮魂記』(7)として一九八六年に自費出版した。そのことがきっかけになり、不忘会（学童疎開を通して戦争を研究する会）や全国疎開学童連絡協議会に顔を出し始めた金田は、自分と同じように学童疎開中に戦災で孤児になった人たちが大勢いたことをそこで初めて知り、彼ら／彼女たちの語りに耳を傾けるようになる。金田は、そうした会でのやりとりのなかで「戦災孤児」経験者が重い口を開いていく様子を、「そういうずーっと長い付き合いのうちに、ぼつぼつ出てくるんですよ、いろんなことが。自分が話しできなかったことがね。私もこうだったとか」と表現している。

ケン・プラマーは、語り手の「ストーリー」がつくられ聞かれることを容易にする社会的歴史的条件(8)を考察するなかで、ライフストーリーが語られるようになる社会的条件には、「それらを受け入れる用意のある強力なサポートコミュニティ[9]」が必要とされることを指摘したが、不忘会や全国疎開学童連絡協議会という学童疎開経験者のコミュニティは、金田をはじめ多くの「戦争孤児」経験者にとって、自らの過去を語ることを可能にする強力なサポートコミュニティとしての役割を果たした。

その後、金田らは当事者の会である戦争孤児の会を組織するとともに、一九九七年にメンバーの自分史を集めた書籍『焼け跡の子どもたち[10]』を出版し、「戦災孤児」経験者の語りを広く公開していく活動に着手する。戦争孤児の会はその後、当事者間の自助団体として大きな役割を担っていく。本書の調査対象者十人のうち七人はこの戦争孤児の会と何らかの接点をもつことで、自らの経験を語りだした人々である。前述のプラマーは、「ストーリーには、それに耳を傾けるコミュニティが必要だが、コミュニティそれ自体もまた、ストーリー・テリングを通して構築される」こと、また「ストーリーはそのまわりに人々を集める[11]」ことを指摘しているが、初期の戦争孤児の会もそのようにして参加者を少しずつ増やしていった。

以上、それまで自らの過去について口を堅く閉ざして語らなかった人々が、長い沈黙を破って「戦争孤児」としての自らの過去を語りだす契機をみてきた。「戦争孤児」当事者による語りの機会の増加には、こうしたサポートコミュニティの形成に加えて、二〇〇〇年代後半から一〇年代初頭にかけておこなわれた東京大空襲集団訴訟や戦後七十年の際の活動など、「戦争孤児」としてのいわば「承認をめぐる闘争[12]」が大きく影響している。また、そうした活動は「戦災孤児」という差別的なカテゴリー自体を作り替える運動と接続していくが、そうした語りだす契機と承認をめぐる政治という主題はのちの第6章で扱うことにする。

注

(1) 敗戦後の数年間に大都市の駅頭にたむろした浮浪児たちの出自が最下層民にあるとする誤った通念は、戦後の児童福祉研究や行政を主導した人々の間にも存在していた。こうした認識のもとに出された論考に、松崎芳伸「総論 児童政策の進路――「児童福祉」の総論として」(厚生省児童局編『児童福祉』所収、東洋書館、一九四八年、五―五〇ページ)、竹田俊雄「浮浪児の問題」(全国社会福祉協議会編「社会事業」第三十一巻第一号、全国社会福祉協議会、一九四八年、一―六ページ)、大阪市社会部『浮浪児の知能検査報告――社会部報告第7号』(大阪市社会部、一九四六年)などがある。

(2) 田中理絵は、児童養護施設での入所児童と卒園児童に対する聞き取り調査のなかで、こうした「子ども期」であるために生じるスティグマの経験を分析している。田中理絵『家族崩壊と子どものスティグマ――家族崩壊後の子どもの社会化研究』(九州大学出版会、二〇〇四年)を参照。

(3) 前掲『スティグマの社会学』を参照。

(4) 語りを可能にする「社会的条件」をめぐる議論については、前掲『セクシュアル・ストーリーの時代』を参照。

(5) 同書三三ページほかを参照。

(6) 当時公表された「戦災孤児」に関する主要な書籍には、島田正蔵『戦災孤児の記録』(文明社出版部、一九四七年)、大宮録郎『浮浪児の保護と指導』(中和書院、一九四八年)、萩野半麓『浮浪児とともに』(岡山県社会事業協会、一九四九年)などがある。

（7）前掲『母にささげる鎮魂記』を参照。

（8）前掲『セクシュアル・ストーリーの時代』九六ページ

（9）同書三三ページ

（10）前掲『焼け跡の子どもたち』を参照。

（11）前掲『セクシュアル・ストーリーの時代』三三ページ

（12）「承認をめぐる闘争」に関しては、特に Axel Honneth, *Kampf um Anerkennung: Zur moralischen Grammatik sozialer Konflikte*, Suhrkamp Verlag, 1992（アクセル・ホネット『承認をめぐる闘争――社会的コンフリクトの道徳的文法』山本啓／直江清隆訳〔叢書・ウニベルシタス〕、法政大学出版局、二〇〇三年）などを参照。

第4章　社会的信用の失墜と孤児たちの経験
——浮浪生活、施設生活、親戚宅での生活をどのように語るのか

1　「戦災孤児」というカテゴリーを付与されること

「戦災孤児」というカテゴリーを付与された人々が、そのことによって社会的信用の失墜ともいうべき境遇に追い込まれることは先にもふれた。こうした困難についてEさんは以下のような表現で語る。

Eさん：厳しい生活もあったかもしれないが、愛情のある生活をして、普通の家庭とおんなじ家庭の生活をしてた。その子どもたちが親を亡くしたとたんにまったく。（略）ごみになっちゃったんで。だからその落差の激しさね。

　Eさんは、「戦災孤児」になったことで自らに生じた劇的な変化と社会的信用の失墜を「ごみになった」という言葉で表現する。本章の主題は、「戦災孤児」たちに生じた社会的信用の失墜をめぐる経験を彼ら／彼女たちがどのように語るのか、を検証していくことにある。またその際に、疎開生活や親の死、浮浪生活や施設での生活、親戚宅での生活をどのように語るのか、そしてそのような場で「戦災孤児」というカテゴリーを付与されたために生じた困難がどのようなものだったのかを検討する。

社会的信用の失墜とマイナスの期待

「戦災孤児」というカテゴリーに囲い込まれた人々が経験する社会的信用の失墜や、それに伴うマイナスの期待をめぐる語りは、インタビューのなかでも発せられることが多い。そうした社会的信用の失墜に関してFさんは「絶対にね、それは付いて回りましたよ。両親がいない人間に、何か一人前じゃないみたいなね、うん。そういう感じっていうのはあったんじゃないんでしょうかね」と語り、「戦災孤児」に付いて回る見下される感覚について言及する。

　例えばIさんは、遠縁の親戚宅で「女中」として働いたあと、住み込みで寿司屋で働き始めるが、その寿司屋ではマイナスの期待が付いて回るのが常だったという。Iさんはそのことについて、以下のように語る。

Iさん：やっぱり、そういう境遇の子を雇ってるから、何か物がなくなると、おまえが取ったんだろうとかね。そのお寿司屋さんで働いたときもね、そういうことでね、いられなくなっちゃったんですけどね。あんな狭いところで、ねえ。泥棒できないですよね。他人は私と、もう一人板前さんがいたんですけどね、お寿司屋さんだから。そういうふうに、あの、たまたま家の人がお休みでね、留守のときには板前さんと何かあったんじゃないかとか、何かあらぬことをね。

Iさんは、自らが「戦災孤児」であるために、住み込みで働いていた寿司屋で物がなくなるたびに疑いの目で見られ、また板前との関係にあらぬ疑いをかけられ、最終的に住み込みで働いていた寿司屋から追い出され、仕事も宿も失うことになった。

またGさんも、自らが「戦災孤児」であるためにかけられた疑いについて語った。Gさんは上野で浮浪生活をしたのちに大塚の児童相談所経由で秋田に里子に出されるが、里親宅では学校に行かせてもらえず、一日中使役をさせられた。その里親宅で生活する間にかけられた疑いについて、Gさんは言葉を絞り出すようにして以下のように語る。

Gさん：みなしごで預けられてるって、村でも町でも知ってるから。ある日学校でね、学校の畑というのがありますよね。そんなかのサツマイモが二本なくなった。サツマイモか何か。それで、私ともう一人都会人がいて、その二人が、おまえらやったろう、言われたの。（略）俺やってねえのに。ええ、疑われた。実際はやってないけど。

Gさんは自らが「みなしご」であり、里子として生活しているからこそかけられた疑いについて、いまでもやりきれない記憶として語る。

ひどい扱い

また「戦災孤児」というカテゴリーを付与された人々は、「泥棒猫」や「野良犬」という呼称を浴びせられることも多かった。Eさんは「戦災孤児」経験者の仲間同士でお互いの経験を語り合う際に、「私が「馬の骨だなんて言われたよ」って言ったら、「私は豚の骨って言われたよ」なんて」言葉が返ってくることがあると語る。「戦災孤児」たちには、文字どおり人間扱いされなかった経験をもつ者も多い。

Fさんは親戚宅で、自分と弟といとこの三人が一緒に暮らしている際に兄嫁から自らに対して発せられた「泥棒猫」という言葉について、以下のように回顧する。

Fさん：ちょうどそのころ赤ちゃんだった姪をおんぶして、部屋を出ようとするとき、兄嫁が近所のおばさんたちと話している声が聞こえてしまったんです。うちには泥棒猫が三匹もいて困っているのよ、という姉の言葉が聞こえてきました。一匹の猫もいないのに、私たち三人のことだとすぐにわかりました。

Ｆさんの例にかぎらず、「戦災孤児」当事者が「泥棒猫」「野良犬」などの呼称を浴びせられた経験は、本書の調査対象者十人に限っても枚挙にいとまがない。こうした人間扱いされなかった経験についてＧさんは、自らの里親宅での生活に引き付けながら「預かる子どもっていうのは、奴隷と同じだから」と語り、赤い羽根募金の協力を里親が断ったときに里親から発せられた屈辱的な言葉について以下のように語る。

Ｇさん：預かるほうはね、食わしてやってんだっていうような顔をする。それと、預けられたうちで赤い羽根とか募金があるでしょ。うちは一人飼ってっから、それはできないと〔言っている声が聞こえた：引用者注〕。

またこうした「ひどい扱い」は、「戦災孤児」が女性である場合には性被害と隣り合わせであることも多い。Ｅさんは、この「ひどい扱い」について、親戚宅から出て「女中」として働いていたときに、男性に襲われ危険な目にあったときのことを回顧するなかで、以下のように語る。

Ｅさん：それをほかの人に言うと、「あんた女中だからね」って言われるの。そんなこと、しょうがないっていうような感じで。もうそういう危険なこと、いっぱいあるわけです。そんなこと言ったたって、誰も取り上げないし。

またEさん同様、Fさんも類似の「危険な目」に何度となくあってきた。Fさんは「女であるがためにね、絶えず自分自身の身を守らなきゃなんないと。うん。それはもういちばんいやでしたね。もうだからほら、気が許せないわけですよ」と語り、親戚宅を出て旅館で働き始めたころのことを以下のように回顧する。

Fさん：ええ。雇い主からはね、本当にいろいろと嘘をつかれたりね。たぶん女将さんがね、私が朝食のご飯を持ってったときに、あの、承知してたと思いますよ。わざわざ離れのその人に話がついてたと私は思いますよ。（略）お客さんに食事を持っていって、ご飯をついであげたりするわけですよね。だけどもそういうね、朝のときでもね、もうこうやって出したご飯を渡しますでしょ。するとその手をにぎるんですよ。そしてぐっと引き寄せてね、朝ですよね。それなのにそういう人がいるんですよ。

のちに第5章「「戦災孤児」を生きること——学校生活、就職、そしてその後の人生」で詳しく検討するように、「戦災孤児」たちが職に就くには幾重にも入り組んだハードルが存在する。また「戦災孤児」たちの就業には、住み込みの職を得ることが必須になる場合が多い。そのために、女将が「承知してたと思いますよ」とFさんが語った言葉にも表れているように、「戦災孤児」たちの就労の場は、性被害と隣り合わせである場合も少なくない。

2　疎開経験、空襲経験、親の死を知る

このようにして、「戦災孤児」というカテゴリーを付与された人々は、そのことによってどのような生活史を刻むことになるのか。またそうした過去の記憶を彼ら／彼女たちはどのようにして語る／語らないのか。本節では、特に「戦災孤児」たちの疎開経験、空襲経験、親の死について、人々のライフストーリーの語られ方を分析していきたい。

疎開経験をどのように語るのか

戦局が激しくなるなか、日本政府は一九四四年六月三十日付で学童疎開促進要綱を閣議決定し、国民学校初等科（小学校）の三年生から六年生の学童に対して集団疎開を促進することを決定した(1)。本書の調査対象者のうち集団疎開の経験があるのはCさん、Eさん、Gさん、Hさんの四人だが、「戦災孤児」のなかには集団疎開中に実家が空襲に遭って親を亡くした人々が多数いる。

なかでも、この集団疎開の経験を何度となく繰り返し語るのはEさんである。Eさんの家族は四人全員で縁故疎開で親戚宅に行くことを計画していたが、小学校三年生当時のクラス担任の先生がEさんの自宅まで毎日のように訪れては、母親にEさんを集団疎開させるように説得した。Eさんは三年生のときクラスの級長をしていて、担任の先生としてはクラスをまとめるときにEさんの存

写真4　学童疎開先での様子
（出典：「朝日新聞」1944年7月9日付）

在が必要だったのだろう。

その際に、母親から自分たちと一緒に親戚の家に行くか、先生と一緒に集団疎開するかの希望を聞かれたときの場面をEさんは繰り返し語る。

Eさん：担任の先生がね、私そのとき三年生で、担任の先生がどうしてもね、集団疎開に行かせてくださいって、もうすごく毎日訪ねてきては説得したんですよ。それで、母は集団疎開、私もほら縁故疎開、ね、お母さんと、先生とどっちにする？って言われたときに、母は自分のほうを選んでくれると思ってたのね。

筆者：ええ、まあ、そうでしょうね。

Eさん：親だから。ところが私が、先生たちと一緒にいくって言ったわけですよ。で、そのために私は集団疎開行って。私がね、ああいう返事しなかったら、母たちは死ななかったのになってね、ずいぶん苦しみましたけどね。だから先生はもうほんとに熱心に、すごくね、母がいくら断っても、集団疎開させてくれって、頼みにきたんですよ。

Eさんは修学旅行気分で担任の先生が勧めた学童疎開に行くことに決め、母と妹たちはそのこともあって東京の自宅にしばらく残ることになったが、Eさんのその決断がのちに自分と母親や妹たちとの生死を分けることになった。

その後、Eさんは宮城県に学童疎開するが、母親や妹たちが母親の実家に縁故疎開することに決まり、Eさんもそれに合流するために翌年三月十日に疎開解除になった六年生たちとともに東京行の列車に乗る。Eさんはその数時間後、東京大空襲で廃墟になった東京下町の様子を目の当たりにする。学童疎開は国民学校初等科の三年生から六年生までが対象になったが、当時、疎開先から三月初旬に東京下町の自宅に帰宅し、その直後に空襲被害に遭って亡くなった六年生も多数いた。

Eさんは、三月十日の東京大空襲直後に見た光景のことを以下のように語る。

Eさん：私はそこから三月に帰ってきて、タイミングがね、ほんとに。空襲直後を見てるんですよね。直後なんですよ。

筆者：ですよね。何時間差ぐらいですよね。

Eさん：ええ。もうそれこそ、午前八時ごろ鎮火したって言ってますけど。私たちは十時ごろ帰ってきたんじゃないかしら。（略）だからね、そういうタイミングで、夜中に空襲があってね、東京の空真っ赤に燃えてた。私たちが列車のなかで朝方帰った。みんな総立ちになってね、窓見たら、もう朝方だから。真っ赤な火っていうよりは、ものすごい遠いから。あの煙がね、天を突き上げてくるような勢いで上ってってんですよ。すっごい煙が。その明るくなった空の。で、その煙がどんどん、どんどん、すごいあんなに煙の勢いがね。普通、煙はふわふわとしてるのに、ものすごい突き上げてるんです、天を。

東京大空襲は、一九四五年三月十日の午前〇時七分に最初の焼夷弾の投下があり、その後、三十八万発あまりの焼夷弾の雨が、東京の下町だった深川区（現在の江東区）、本所区（現在の墨田区）、浅草区（現在の台東区）を中心とした地域に降り注いだ。(2) その後、空襲による火事が鎮火したのは午前八時ごろであり、そのわずか二時間後にEさんは疎開先の宮城県から汽車で戻ったことになる。

その後、Eさんと一緒に列車に乗った学童疎開児童たちの多くには親と子の劇的な対面があったが、Eさんたち数人はいくら待てども親が現れる気配はなかった。その後、Eさんには叔父が迎えにきて、自宅が全焼したことが伝えられた。Eさんが親の死を知るのはその三カ月後の六月に、隅田川に母親の死体が上がったときだった。

空襲経験

本書の調査対象者のうち、空襲経験があるのはBさん、Hさん、Iさん、Jさんの四人である。

次に、空襲経験者の「戦災孤児」当事者たちが、この経験をどのように語るのかを検討していきたい。

前述のEさんが、集団疎開からの帰宅直前に実家が東京大空襲被害に遭ったのに対し、Hさんは疎開先から帰宅した直後に大阪大空襲に遭った。一九三三年に大阪市港区で生まれたHさんは、集団疎開時に国民学校初等科六年生で、香川県観音寺市に集団疎開していたが、四五年三月に疎開解除になって自宅に戻った直後の三月十三日に大阪大空襲に遭った。また、その後の空襲で逃げ惑うさなかに親が行方不明になった。

そのときの経験をHさんは以下のように語る。

Hさん：〔大阪大空襲から：引用者注〕しばらくしたら今度私らの港区の大阪港周辺がまた大空襲ですわ、焼夷弾攻撃で。そのときはもう必死になって逃げました。だから、いまだに直撃弾っちゅうのが頭に残ってますわ。音が違うもんね。三段階か四段階ぐらいで直に落ちてくるわけですよ。もう自分でも、これはもう頭の上きたわっちゅう音がいまだに残ってます。そうなったらもうなんでもええ、とにかく家のなかへ飛び込んで、塀とか隅っこのほうへくるまって、入って逃げましたわ。（略）逃げる途中では何回も直撃弾受けてもうまいことかわして、赤ん坊背負って走ってる人の赤ん坊の上へ焼夷弾が落ちて、もう頭がないいうんか、なかへめり込んだんか、そんなん目の前で見とるしね。

Hさんはこの空襲のさなかに親と兄弟とはぐれ「戦災孤児」になったが、特に焼夷弾、直撃弾の音がいまだに鮮明な記憶として残っていると繰り返し語る。

また、空襲被害（東京大空襲）で九死に一生を得たのがIさんである。Iさんはこの空襲の際に両親と妹とはぐれたが、Iさんはプールに飛び込んでかろうじて命を取り止めた。この経験をIさんは繰り返し語る。

Iさん：まあ、寿命があったんですかね。まあ焼け始めた、いまでいう体育館ですか。講堂からやっと逃げ出して、それで講堂から抜けたけども、もうそのへん真っ赤なんですよね、火が。でもう、こんなことやってられない。火が顔や何かに付いちゃって。で、こうやって校庭に突っ伏してね。こうやっているしかなかったんですよね。で、私もそれこそ子ども心に、もう死ぬと思いましたよね。それで、そのときにやけどしたんです。それで、そうしてるうちに、どこの人かわかんないけど、私の手を引いてプールに入れてくれたの。三月のプールなんて、いま考えれば、よく入ったなと思いますけどね。プール、もう人が動けないほど人が入ってたの。それで、まあ命は助かったんですよね。

筆者：紙一重ですね。

Iさん：そうですね。だから私もはぐれないで母と一緒だったら、死んじゃったと思うんですよね、どっかで。

筆者：プールでよかったのかもしれませんね。川へ飛び込んだ人はみんな死んじゃってますからね。ほとんどね。

Iさん：プールだって、死んでる人もいたわよ。やっぱり年とった人なんかね、急に熱い火を逃れて、そこへ入ったわけだからね。

プールに飛び込んで九死に一生を得たIさんの前記の語りは、その後「戦災孤児」としてIさんがライフストーリーを紡ぎ出すなかでも最も中核的なエピソードになっていく。

また親の遺体が見つかったときのことに繰り返し言及しながら空襲被害を語るのはBさんである。Bさんは筆者とのインタビューのなかで、横浜大空襲時に爆撃を受け、上半身が吹き飛んだ父親の姿のことを繰り返し語る。

Bさん：もうそれだけがね、何かにつけて思い出します。それで発見した遺体は、もう父親は下半身のね。上は飛んじゃってなかったのよ。であの、ベルトがね。（略）で、かばうように父親は死んだんですよね。だから、私はあの遺体を見たときね、幼いながらも直撃弾を受けたと思いました。小型の爆撃。

筆者：そう、そうかもしれないですね。

Bさん：うん。それを受けたんだと思いました。なにしろね、なんか上の部分がなかったのよ。で、その瓦礫が全部こう上に、それで最初見つかったのは、母親だったんです。その風呂場んとこに、仰向けになって死んでる女の人がいたんです。で、その遺体発見したのは、その空爆受けて二週間以上たってからだから、もうカリカリになって、もう冷めちゃってるでしょ。うん。だから父親のほうがまず、かばったんでしょうね。

この両親の死、そして上半身が吹き飛んだ父親の遺体をめぐる語りは、筆者とのインタビューのなかでもBさんが繰り返した場面である。そしてBさんの戦災経験に関するライフストーリーは、この場面をめぐる語りを中心に組み立てられる。

親の死を知る

「戦災孤児」にかぎらず、空襲などの戦争被害下で肉親の死を知る経験は幾重にも屈折している。まず、肉親の死体が見つかるとはかぎらず、場合によってはその後行方不明になった肉親を待ち続ける人々も多数いる。また、「戦災孤児」の場合、とりわけ空襲時に彼ら／彼女たちが幼い場合には、ほかの大人が親の死の告知を控えることもある。

そのようにして、死後かなりの時間を経て親の死を知ったのがAさんである。Aさんは本書の調査対象者のなかで空襲時の年齢がいちばん若く、東京大空襲時に三歳だったが、その後、引き取られた伯母の家で凄惨な扱いを受ける。Aさんは親の死を知ったときのことを以下のように語る。

Aさん：〔自分は幼いので：引用者注〕だって引き取ったって役に立たないし、これから育ててやっと使いものになるぐらいには、少なくとも六歳、七歳にならないと水汲み一つできないじゃないですか。だからすごく厄介者扱いされました。ことあるごとに「お前も親と一緒に空襲のとき死んでくれればよかった」っていう、この言葉は忘れられません。それではじめて親の死を知ったんです、私。六歳ですよ。三歳で亡くなっていたはずなのに、まったく、伯母のほうも気を使って、死んだことをたぶん言わない配慮をしてたんだろうと思うんです。

筆者：なるほど。そうかもしれないですね。

Aさん：そう。その言葉が、いやいや引き取った伯母が、さりげなく言っちゃったのね。「親と一緒にお前も死んでくれればよかったのに」って。そうすれば、死んでいてくれたら、お前なんかこうやって育てなくてすんだんだよって。だからいやいや引き取っている伯母も、本音がバッと出てしまったんでしょうね。私は、それまで迎えにきてくれるもんだと思い込んでるわけ。ところがその言葉言われて、おばさんが「親と一緒に死んでくれればよかったのに」って。じゃ、お父さんやお母さんは死んでいたのって、そこでハタと気がつかされて。だからその言葉はショッキングでしたね。

「戦災孤児」当事者たちのなかでも、親戚宅での生活を強いられた人々のなかには、Aさんのように「親と一緒にお前も死んでくれればよかったのに」といった言葉を浴びせられた経験をもつ者が少なくない。Aさんは「戦災孤児」になったのが三歳と幼少だったために、伯母の何げない一言で親の死を知ることになった。

また、最後まで親の死体が見つからなかったのはFさんである。Fさんは茨城に疎開中に東京大空襲で父母を亡くしたが、父親の遺骨は引き取ることができた一方で、母親の遺体は最後まで発見されることはなかった。そのFさんが繰り返し語ったのは、母親の生存を信じて毎日バス停まで母親を迎えにいく弟に付き添ったつらい経験である。

Fさん：弟が、母の帰るバスの時刻を見てですね、毎日その時計のこの時刻を見たら、バス停に行くんですよ。で、一人で行かせるわけにいかないじゃないですか。で、私はもう帰って来ないっていうのが、三つ年上だからわかるわけですよね。大人のいろんな話やなんか聞いて。それがもう毎日毎日ね、バス停通いをする弟の後を追っかけて。バスがまた来ない、また来ない、また乗ってないって言うのね。それがもういちばん最初の戦争体験でつらい思いでしたね。ええ。乗ってないのがわかってるのに、弟が行くから一緒についていくっていう、それがね。

戻って来るはずがない母親を迎えに弟に付き添い、バス停に毎日通った記憶は、Fさんが自らのライフストーリーを組み立てる際に最も中心的な出来事として繰り返し語った主題だった。

またFさんは、母親の遺体が出てこなかったことを以下のようにも語る。

Fさん：〔一九四五年：引用者注〕三月の末に兄が一週間かけてやっと見つけたという父の遺骨を持ってきました。母の遺骨も伯父さん一家も見つかりませんでした。遺骨がないということはどれだけ多くの孤児たちが、もしや生きてるのではないかと、私も母の着物の柄が似た人を見ると、これはずっと続きましたよ。母の遺体見つかってないわけですから、だから、母が日常着てた着物の柄と似た人がいると、追っかけていって顔を見ないわけにいかないんですね。思わず駆け出し、顔を確かめずにはいられない。これは孤児たちがみんな経験してることではないでしょうか。

母親の遺体が発見されなかったFさんは、その後も母親に似た人を見るたびに、それが母親ではないかと確かめてしまう日々が続いたという。

3 浮浪生活(に至った経緯)／施設経験をどのように語るのか

以上、「戦災孤児」になった経緯、疎開経験や空襲経験について検討してきたが、以下では「戦災孤児」になったあとの生活を彼ら／彼女たちがどのように語るのかを検証していきたい。本節では特に路上や駅の地下道などでの浮浪生活と、狩り込み後の「戦災孤児」たちの施設生活についてみていきたい。

浮浪生活

写真5は、福岡・小倉駅近くで雑魚寝する浮浪児たちの姿を写したものだが、敗戦後数年の間は、

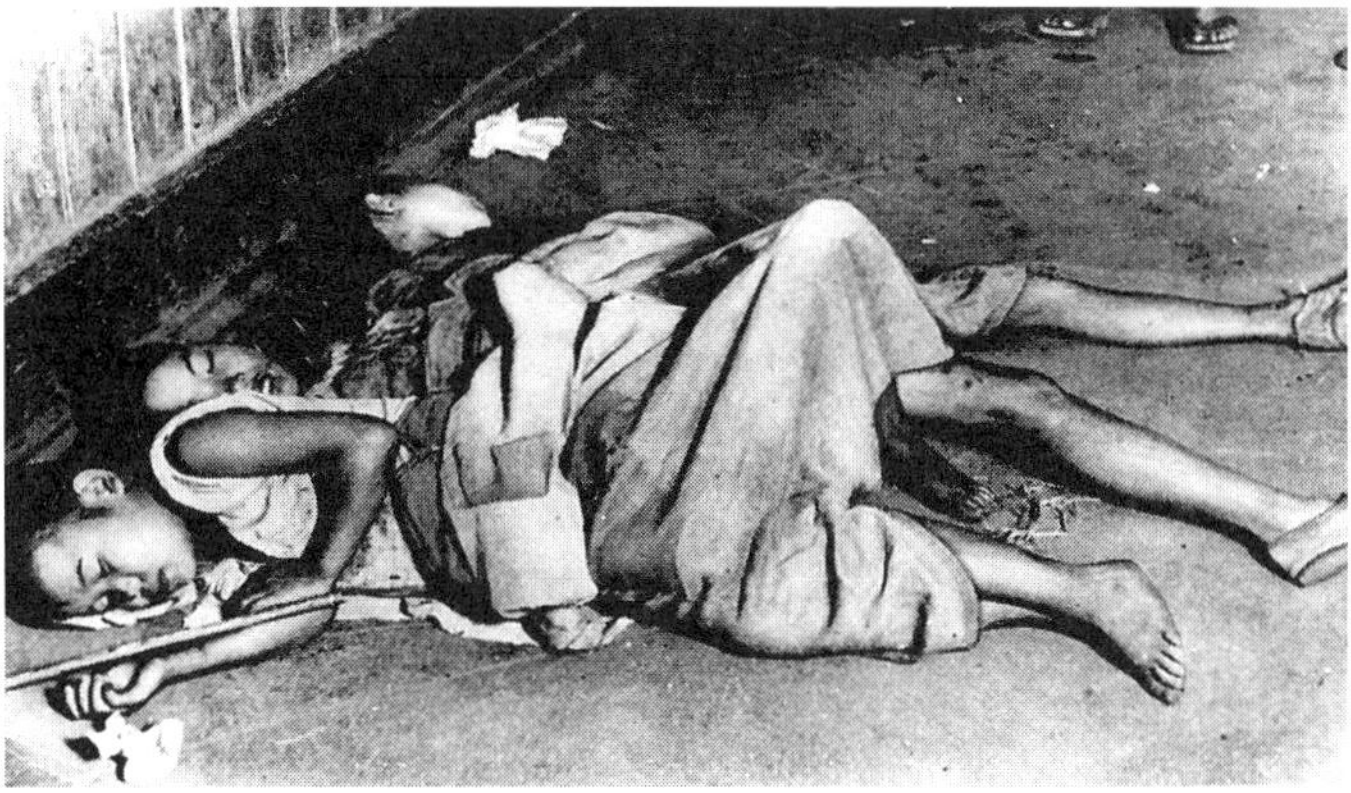

写真5　駅頭で眠る浮浪児たち（福岡・小倉駅）
（出典：朝日新聞社『戦争と庶民——1940－49 ④進駐軍と浮浪児』〔朝日歴史写真ライブラリー〕、朝日新聞社、1995年、127ページ）

特に大都市の乗換駅には多くの浮浪児たちが写真のようにして寝ていることが常だった。

また表5は、浮浪児を含む浮浪者たちの収入源に関して東京都内でおこなった調査をまとめたものである。浮浪児が男性の場合、収入源は当時シケモク拾いと呼ばれたタバコ拾い（七十五人）が圧倒的に多く、次に靴磨き（三十二人）、人夫（二十六人）、雑役（十四人）、田舎回り（十三人）と続く。なおいなか回りとは、列車で（多くの場合は無賃乗車で）農村地に赴き、米や野菜などを仕入れて闇市などで売買する仕事である。浮浪児たちにかぎらず、当時は多くの人々が農村地と都市部を往復して食料をお金に換えた。また、浮浪児が女性の場合、圧倒的に多いのが「ヤミの女」（七十六人）と呼ばれ性売春で生計を立てていた人々であり、十八歳以下の浮浪児の主な収入源の六八・五パーセントに及ぶ。続いて多いのがタバコ拾いの十三人、次いで給仕の十一人と続く。

表5　浮浪児を含む東京都内浮浪者の収入源

		1－18歳	19－40歳	41－60歳	61歳以上	合計
男	タバコ拾い	75	152	20	4	251
	いなか回り	13	37	17	0	67
	靴磨き	32	97	6	3	138
	ブローカー	0	66	11	2	79
	人夫	26	154	117	8	305
	雑役	14	12	18	2	46
	職人	0	5	0	0	5
	給仕	4	0	0	0	4
	事務員	5	5	1	0	11
	屑拾い	5	17	22	1	45
	小計	174	545	212	20	951
女	タバコ拾い	13	46	10	1	70
	いなか回り	1	14	1	0	16
	靴磨き	3	52	5	1	61
	ブローカー	1	8	2	0	11
	人夫	1	3	0	0	4
	ヤミの女	76	375	1	0	452
	雑役	4	15	8	1	28
	職人	0	5	0	0	5
	給仕	11	13	0	0	24
	事務員	0	2	1	0	3
	屑拾い	1	9	2	1	13
	小計	111	542	30	4	687

（出典：宮出秀雄『ルンペン社会の研究』〔改造社、1950年〕167ページから作成）

本書の調査対象者十人のうち、浮浪経験があるのはBさん、Cさん、Dさん、Gさん、Hさん、Jさんの六人である。

浮浪経験について、声を絞り出すように語るのはJさんである。Jさんは、母親の実家の山形に疎開中に、山形県酒田市付近での空襲で両親といちばん下の妹を失い、Jさんと弟と妹が残される。山形でこれ以上生活を続けることが困難だと判断した母親の弟（叔父）がJさんに一万円を持たせて、Jさんの父親の実家に行くことを勧める。Jさんは弟と妹を連れて山形をあとにするが、父親の実家とは長らく疎遠になっていて、頼って行っても庇護が受けられないと判断し、そのまま汽車で東京に出る。そのときの終着駅が上野であり、Jさんたちは一九四五年の三月から十月までの八カ月間、上野で浮浪生活を送る。

なお、Jさんにとってこの浮浪生活をめぐる出来事は、誰にも、特に配偶者である夫に対してであっても語ることができず、特に口を堅く閉ざしたままだった主題である。その後、夫が長い闘病生活の末に亡くなり、Jさんが徐々に「戦災孤児」経験を語ることができるようになるにつれ、浮浪経験はJさんがほかの何にも増して力を込めて語る主題へと変容していく。

Jさんは上野駅の西郷像付近にいることが常であり、食べ物を食べるときには西郷像横のトイレに鍵をかけて、食料のひったくりにあわないようにしながらサツマイモなどを食べることが日常だった。Jさんはそうした日常を以下のように語る。

Jさん：私のように中学一年ぐらいの子が多くて、あまり、あの孤児と話はしませんでした。

ほとんどね、孤児さんがいても、話しませんでした。弟と妹見るだけで、精いっぱいで。あとは夜のおにぎりをね、心配して。お水だけのときもありましたけどね。おにぎりのおばさんが休みで来ない日は、何もないいんですよね。そうするとお水だけで、我慢して、よく生きてきたなと思います。

Jさんの語りの末尾にある「よく生きてきたなと思います」という言葉は、筆者とのインタビューの際にJさんから繰り返し語られた。

こうした浮浪生活のなかでもJさんが最も力を込めて訴えるように語るのが、上野駅地下道で寝て起きた朝に冷たくなって死んでいる孤児たちを描写するくだりである。

Jさん：それで、子どもが毎日死んでくんですよ。食べなくちゃ死んじゃいますもんね、お水だけじゃ。そして私も食べるときはもうトイレに入って、外でね、天気でも。外で食べてたら「ちょうだい」って言うでしょ。周りにいっぱい浮浪児がいるんですから。だからトイレのなかでおにぎり食べたの。ええ。そんなでしたよ。何て言っていいか、わかりませんね。そのときの状況は。もうほんとに、何て言ったらいいでしょうね。哀れとしかいいようがないですね。ええ。何で、政府は助けてくれないのかなと。でも私はおじさんのおかげでね、お金があったから。たとえ一本でも、一本半でも［さつまいもを：引用者注］食べてきたから生き延びられたってんでね。うちの仏様、朝お線香あげて、お父さん拝んだら必ず「おじさん、ありがとう」

は欠かしたことありません。

前記の語りは、Jさんのライフストーリーの中核をなしている箇所である。Jさんは、上野の地下道で朝死んでいる浮浪児たちと自分とを対照させながら、彼ら／彼女たちに何もできなかった自分を顧みつつ、それでも叔父にもらったお金のおかげでからくも生き延びたことを振り返り、叔父への感謝の言葉で語りを結ぶ。

また、Jさんとほぼ同時期に上野の地下道で寝泊まりをしていたのがHさんである。Hさんは、大阪での空襲被害後に大阪駅付近で浮浪生活をしばらく送るが、程なくして仲間の浮浪児とともに上野に無賃乗車で移り住むことになった。Hさんにかぎらず、当時の浮浪児たちは無賃乗車で様々な場所に移動するのが常であり、一般列車は言うに及ばず特に貨物列車は浮浪児たちが潜り込んで移動する主要な手段になっていた。その場合、浮浪児たちは終点まで列車の内部に隠れて乗り込んでいることが多かったが、上野駅付近に多くの浮浪児たちが集まった原因の一つには、そのようにして移動する列車の終着駅が上野駅の場合が多かったことも挙げられる。

Hさんは、貨物列車に乗って上野駅に着いたときのことを以下のように語る。

Hさん：貨物が途中で半日ほど中継したり、なんかして入れ替え入れ替えしていって、ほんで気がついたんが、上野。看板出てるしね。上野駅ですわ。ほで、とりあえず外へ出ようということで、外へ出て山へ登っていったんが、あれが西郷さん。

筆者：西郷さんとこですか。
Hさん：西郷さんへ登ったんですわ。こんなとこでこんな銅像立ってるでいうことで。またそんときは西郷さんって知らんもん。上野も初めてやしね。
筆者：そうですよね。
Hさん：ほで、上野からトコトコまた階段下りてきて、そしたらみんな結局は傷痍軍人とか予科練のよれよれの服着た連中がもうたまってるわけですわ。ほで、ちょっと入ったとこにアメヤ横町いうて、闇市ができてたとこですわ。これやったら何とかいけるん違うかいうことで。(略) ほんで、上野の駅の地下道主体にねぐらをこしらえて、その日その日どこに寝るやわからんから、ボール紙固めて置いてあるわけですわ。

このようにして上野駅に辿り着いたHさんは、その後一年あまりの間、上野をねぐらに浮浪生活をすることになる。

先に本節では、上野駅地下道での子どもの死体のことをJさんが繰り返し語ることをみてきたが、同様の光景はHさんにはどのように映っていたのだろうか。地下道で亡くなった浮浪児たちのことをHさんは以下のように語る。

筆者：そうなんですね。いや、地下道で結構多くの子どもさんが亡くなってますよね。朝起きたら結構冷たくなってたって。

Hさん：上野の駅で二、三回おうてます。一緒に並んでる女の子が、さっきまで言うたらおかしいけども、寝る前までは同じようにしゃべってんのに、朝起きて「おい、もう朝やで」ちゅうて見たら、もう冷とうなっとるわけですよ。結局が餓死やね。餓死で。ほんで、結局はもう体力がないんで、そのまま寒さで亡くなる。ほで、片一方は、いうたら、結局疫痢みたいな下痢状態で、もう骨と皮になってもうて、一週間のうちに。もうそれも亡くなりましたわな。

このような上野駅地下道にHさんは約一年寝泊まりしながら、主に田舎回りをして日銭を稼いだ。Hさんは仲間と連れ立って埼玉まで無賃乗車で行き、「お父さん、お母さんが戦争で亡くなっておらんでどこも行くとこもないんで、食べもんもないんで」と言いながら農家から芋や菓子を分けてもらい、それをずだ袋に入れて持ち帰り、上野駅から西郷像までの階段に並べて売って日銭を稼いだ。

加えて、当時の浮浪児たちの生活のなかでは、スリやひったくりなどの盗みは生きていくうえでの常套手段だったという。Hさんは当時のスリの様子を以下のように語る。

Hさん：その時分、生きるいうよりか、もうその日暮らしが精いっぱいでな。ほで、客待ちで並んでる人の物をひったくって逃げるのが。

筆者：なるほど。みなさんそうでしたよね。

Hさん：うん。みんなそうやったの。それが普通のように思てるから。悪いっちゅう観念がないもんね。
筆者：そうですね。結構スリの仕方を年長者から習う方も多いですよね。
Hさん：それも習ろた。だけども、男はあかん、スリは。男やったらなんぼ側で「あれやろか」言うてても警戒しよるわけです。男やったら。だから、ほんなら女の人が増えるわけです。女やったら知らん顔してそばへ寄っても安心してるわけ。
筆者：なるほど。
Hさん：うん。だから、もう男の人スリっちゅうのはよっぽどじゃなかったら経験積まんことにはできへん。

その後、Hさんは上野での一年間の浮浪生活のあと、狩り込みで補導されて施設での措置を受けることになるが、その経緯をめぐる語りに関してはあとの節で検証していく。

Jさんが叔父からもらったお金を頼りに浮浪生活を生き抜き、またHさんが田舎回りやスリで日銭を稼ぎながら生活を維持したのに対し、「人さらい」のような人々と接点をもちながら浮浪生活を生き抜いたのがCさんである。

Cさんは新潟での疎開中に東京大空襲で両親と兄弟を亡くし、その後、兄とともにボロボロのバラックで生活をするが、兄とそりが合わず浮浪生活を始める。兄のもとを出て浮浪生活を始めた一九四六年二月十七日という日付は、Cさんが自らの「戦災孤児」としてのライフストーリーを語る際の中核に位置付けられる。

Cさんはこの二月十七日のことを以下のように語る。

Cさん：頭にね、焼き付いてんのね。二月十七日っていうのがね。六年生にもう少しで卒業っていう、ちょっと手前だった。学校はもうそれっきりだったんですけどね。（略）あの出てった日にちが頭から離れない。二月十七日。うん。妙なことばっかり覚えたり、肝心なことみんな忘れて。（略）みんな自分の生活が目いっぱいだからね。いろんなことがありすぎて、結構いろんな抜けてるとこもあるでしょうけど。もうね、二月十七日は覚えてるけどね、生活そのものまで。（略）もう私も八十過ぎると、だんだん薄らいできちゃってるなと。特別に何か強い印象にあるものは、ね。頭の隅にありますけど。

この二月十七日という日付は、筆者とのインタビューのなかでCさんの口から繰り返し語られた。以下は、その二月十七日に浮浪生活を始めた際に、「人さらい」のような夫婦に声をかけられ、行動をともにするようになったことを語ったくだりである。

Cさん：夕暮れになって薄暗くなるとね、みんなにぎわっていた浅草もだんだん人影がまばらになってくるでしょ。浮浪児みたいな人と、家族連れみたいな、子どももいたしね。そういう着るものもボロボロで、浮浪児じゃなくて、浮浪者。大人ですからね。そういう夫婦と、私よりいくつか年上の娘さんもいて、「どうしたんだい」って声かけられてね。お兄ちゃんのところ家出してきたって、追い出されたって言ったのかもしれないし。じゃあついておいでって、泊まらしてあげるからって。ついてったところがね、屋根も何も、板がただ載せてあるだけで、わらで編んだござみたいのを四方に囲んで、台風来たらいっぺんにつぶれそうなね、よく立ってていたみたいな。そこでござが敷いてあってね、雑魚寝したんですよ。

筆者：そういう感じだったんですね。

Cさん：それで屋台の売れ残りをお店でね、闇市がいっぱい出てるでしょ、掘っ立て小屋の。売れ残った物をね、いつもその家族はもらってくるらしいんですよ。それでそれを分けてもらって、一緒に食べたんですよね。で、その晩寝て、朝になったら、それでもよくあんな寒いところで眠れたなと。

Cさんは、二月十七日に兄と生活していたバラックから飛び出して浅草に行くが、日が暮れようとするそのタイミングで、子どもを連れた浮浪者の夫婦に声をかけられる。どこにも行くあてがなかったCさんは、その「人さらい」のような浮浪者と行動をともにし、その日は野宿のようにして夜を明かす。

翌日Cさんは朝早く起きて浮浪者夫妻と子どもと一緒に、浅草の観光客が地面に落としていったタバコの吸い殻を集めに出かける。そのときの様子をCさんは以下のように語る。

筆者：シケモク拾いされてたんですか。

Cさん：そうそう。それをいっぱい集めて、結構袋に。昔ビニール袋なんてなかったですからね。麻のむしろかな、そんなようなところへさ、その家族とその若い娘さんと私で、拾っちゃ入れてね。結構、吸い殻がね、袋いっぱいになるんですよ。
筆者：それから、たばこ巻いて売るんですか？
Cさん：それを、買い取る業者がまたいたのよね。うん。それで少しなにがしかのお金をもらってきて、また一日、その浮浪者たちはふらふらしてて。それが稼ぎのもとになる唯一の収入だったのかなあ。

この二月十七日から十八日にかけて「人さらい」のような浮浪者一家と野宿をしたCさんは、その後、一家から食料がより豊富な東北地方に行くという話が出て、Cさんにもついてくるように要請があったがこれを拒否し、再度一人での浮浪生活に戻る。その際に、以前見聞きした上野の浮浪児たちの話を思い出して浅草から上野に移り、上野での生活を始める。その後、あるおばさんに「悪い人に連れてかれちゃうよ、そんなとこにいたら。売り飛ばされちゃうよ」と説得されて一緒に警察に行き、大塚の児童相談所に連れていかれる。

Cさんの浮浪経験は一九四六年二月十七日に始まって数日で終わることになるが、この数日間のエピソードが「戦災孤児」としてのCさんのライフストーリーを形作るうえで中核的な位置を占めていくことは先にふれたとおりである。

一方で、浮浪経験とその後の児童相談所での経験を、「戦災孤児」当事者語りのなかで「よりましだった時期」として位置付けるのがGさんである。のちに詳しく検討するように、Gさんは里子として行った里親宅で過酷な労働を課せられ、凄惨ないじめにあう。Gさんはその里親宅での生活と浮浪生活を対照しながら、浮浪経験を「よりましだった時期」と位置付け、自らの経験を語る。

山形県に疎開中に東京大空襲で両親を亡くしたGさんは、いったん親戚に預けられるも、そのあとに里子として他家に預けられる。Gさんは里親宅での生活に耐えきれず、そこから脱走して上野に至る。上野で浮浪児として生活し、その後、大塚の児童相談所に収容されたときのことをGさんは以下のように語る。

Gさん：上野で浮浪児。まだ戦後間近いからね。焼け跡の学校の跡、合羽橋のね、そこへ忍び込んでったら、男のお兄さんがいた。それと一緒に、そこへ何日か寝て、ご飯のもらい方とか一緒に、浅草あたりをね、もらって歩いて。製麺工場がいちばん多かったね。家庭じゃなくて。製麺所のゆでこぼしというか、ああいうのに何回か行った。

筆者：そうなんですね。

Gさん：ある日、上野だけど、竹町っつうとこが御徒町にあって、あそこの民家の軒下で寝てたんだ。帰るとこがないから。それで、じゃあおまえ、ほんとにうち帰るんなら、飯ごちそうするから。それが教会だった。いまでもあるけどね。そこで腹いっぱい食べさせてもらって。それで文京区の富坂警察っつうとこ保護されてね。施設行くつって。そいで、児童相談所から施設に行った。ほんと、預けられたうち〔里親宅：引用者注〕じゃ、ほら、奴隷みたいだったから。

　前述のＣさんが浮浪生活に入った二月十七日という日付を克明に覚えていて、その浮浪生活が彼女の「戦災孤児」としてのライフストーリーの骨格を形成しているのとは対照的に、Ｇさんが浮浪生活について言及する語りのトーンには、そうした重苦しさはみじんも感じられない。Ｇさんは上野で浮浪生活をしたあとで教会の人に保護され、警察経由で児童相談所にいったん措置される。Ｇさんはそこで施設に行くか里親宅に行くか聞かれ、里親宅で凄惨な経験を強いられたこともあり、施設に行く希望を告げる。Ｇさんは、かつていた里親宅のことを「ほんと、預けられたうちじゃ、ほら、奴隷みたいだったから」といい、浮浪生活を始めてから警察に補導されたいきさつ、そして児童相談所での生活を「よりましだった時期」として語る。

　さらにＧさんは、その児童相談所の一時保護所での生活をむしろ「楽しかった経験」として語る。

Ｇさん：児童相談所では夜中にね、調理場忍び込んだりしてね、お釜に残ってるの、こうやって食べたりね。でも私は優秀だったからね。児童相談所の外掃いたり、水まいたりして、外に自由に出られて。上野駅の狩り込みなんかも一緒に行ったことある。

筆者：狩り込む側としてですか？

Ｇさん：いや、狩るっていっても、連れてくる役じゃなくて、お手伝いっつうのかな、〔上野の浮浪児たちの：引用者注〕顔知ってっから。それぐらい真面目だったの、私。あの、優秀だったんだね。そんで、もう一つ話。児童相談所からは浅草、すぐそばなの。映画館に行って、『鐘の鳴る丘』を観にいったね。八人か十二人ぐらい、全員で。で、出てきたら、三人ぐらいいない。映画館、暗いから。

児童相談所は、当時は警察などから運ばれてくる浮浪児などの子どもたちに身体検査や知能検査などの検査をしたうえで、施設や里親宅への措置をする機関である。一九四六年九月十九日に発せられた「主要地方浮浪児等保護要綱」(厚生省発社第百十五号)に基づき主要地方計七都市(東京、横浜、京都、大阪、神戸、名古屋、福岡)に設置され、その後、児童福祉法(一九四七年十二月十二日公布、四八年三月一日全面施行)下で各都道府県に設置が義務付けられていくが、Gさんが入ったころの児童相談所はその黎明期のものだった。[3] またGさんの会話に出てくる『鐘の鳴る丘』とは、菊田一夫原作で四七年七月から五〇年十二月までNHKのラジオ放送として流され大きな反響を呼んだ、「戦災孤児」を主人公にしたラジオドラマである。[4]

Gさんは前記のような経験談に加えて、児童相談所での「楽しかった経験」を以下のように語る。

Gさん:それで、富坂警察送られて、児童相談所行った。でも児童相談所行ったときは、広間にねオルガンがあったし。生まれて初めてオルガン触ってね。ドレミファぐらいできるようになって、こんな幸せないなと思って。先行きどうなるか、子どもだからそんなの関係ない、いまがよけりゃいいんだから。おやつは出るしさ。おやつっていうのはね、まき割りとか何か手伝うとね、コッペパン。あのころで半分出るの。やった人はね。半分だか三分の一だかわかんないけど。それが楽しみでね、仕事したんです。

あとの節で詳しく検討するが、Gさんの「戦災孤児」としてのライフストーリーは、凄惨な経験をした里親宅での生活を中核に据えて組み立てられている。またそうした里親宅と対照されて、浮浪児経験や児童相談所の経験に関するライフストーリーは「よりましな時期」として構成されている。

また、この浮浪経験を、むしろ気軽で刺激に満ちた経験として回顧するのはHさんである。Hさんは三月十三日の大阪大空襲とその後続いた空襲被害のなかで親と兄弟が行方不明になり、大阪市内で浮浪児として生活する。その後Hさんは東京・上野付近に移動して浮浪生活をするが、上野で闇市の手伝いをしていたときに客に出していたスープがおいしかった記憶を、筆者とのインタビューの際に繰り返し語る。

Hさん：うん。そうこうしてるうちに、GHQのコックボーイと知り合いになって、全部ドラム缶へみんな食べたかすを、何が入ってるやわかりませんで、たばこのかすやら、もう鼻のかんだ紙やら、何入ってるやわからんわけだわ。それを「なら、これ持っていけ」言うて。それをまた一斗缶に入れ替えて、そのスープ屋の闇市の人まで持っていくわけですわ。ほんだら、そこでまた炊き直して、それを売るわけですわ。それがもう客が数珠つなぎに並ぶわけです。

もうそれがおいしいんですわ。
筆者：そうなると思いますよ。もう本当にそうでしょうね。
Hさん：あれはおいしかったですわ。いまだにあの味は覚えてる。
筆者：なるほど。そうでしょうね。
Hさん：うん。あの当時のあのスープ。スープいうても、もう雑炊のどろっとなってきてるから雑炊に近いんですわな、おかゆの薄めたような。それがまたおいしいて並びよる。

上野の浮浪生活のなかで十分な食事をとれていなかったHさんにとって、進駐軍の残飯を材料に調理したスープの味は、とびきりのおいしさだったのだろう。敗戦後の「戦災孤児」のなかには、進駐軍の駐屯地に入り込んで駐屯兵やコックと仲良くなって残飯やチョコレート、クッキーなどの菓子を分けてもらったことを強く覚えている人々がいるが、Hさんにとっても進駐軍から得た残飯を食べたことは、現在に至るまでその味を克明に記憶するほど衝撃的な体験だったのだろう。

施設経験

次に、「戦災孤児」たちの施設経験に関する語りをみていこう。

「戦災孤児」たちが警察による狩り込みなどを経て措置された収容施設は、戦前期（正確には児童福祉法が全面施行される一九四八年三月一日）までは孤児院あるいは育児院[5]と呼ばれた場所であることが多い。戦後の児童福祉法下で養護施設になり、また児童福祉法が一九九七年に改正されて以降

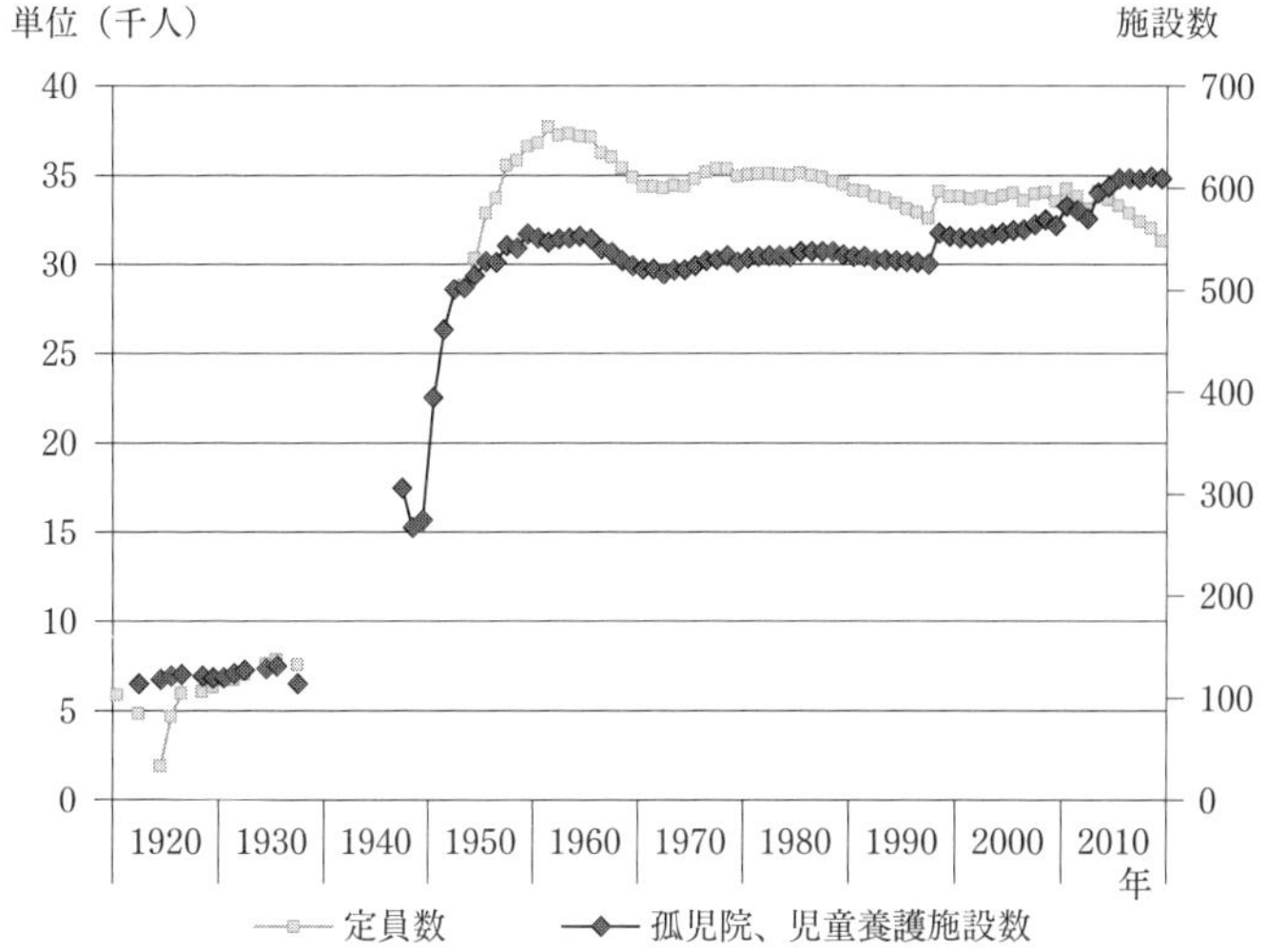

図9　孤児院、児童養護施設数の推移（1920―2019年）
（出典：1920－38年までの数値は、大原社会問題研究所『日本社会事業年鑑』大正9年－昭和18年〔文生書院、1920－43年〕から作成。1948－2019年までの数値は、厚生労働省「社会福祉施設等調査」〔https://www.mhlw.go.jp/toukei/list/23-22.html〕［2021年3月4日アクセス］から作成）

は児童養護施設という名称で呼ばれる施設であり、現在では主に家庭内で虐待を受けた子どもを保護している。[6]

図9は、一九二〇年から二〇一九年までの孤児院、養護施設、児童養護施設の推移を示したものである。一見してわかるように、施設数と定員数ともに敗戦直後から十年あまりの間に劇的な増加をみる。

敗戦直後の「戦災孤児」収容施設には、公立のものに加えて、眼前にたむろする浮浪児たちの姿を見かねた市井の慈善家たちが自宅や焼け残った校舎などを改良し、孤児たちを引き取ってボランタリーに開始された施設も多数含まれている。戦後の施設の劇的な増加は、そうした慈善家たちによって草の根的に運営が開始されていた施設が、戦後の児童福祉法の制定に伴い公的に認可されカウントされるようになったこともその背景にはある。また、現在の児童養護施設のなかには、「戦災孤児」収容所に出自を有する施設も数多くある。

施設収容への恐れ

本書の調査対象者十人のうち、施設経験があるのはBさん、Cさん、Dさん、Gさん、Hさんの五人である。施設経験者の語りに移る前に、本項では当時の浮浪児たちが抱いた施設収容のイメージ、そして施設収容されることへの恐れに関して、「戦災孤児」当事者たちの語りを検討しておきたい。

前述のとおり、路上や駅の地下道にたむろする浮浪児たちに対しては、当時は狩り込みと呼ばれた警察による補導が定期的におこなわれたが、浮浪児たちは狩り込みを恐れて逃げ回るのが通常であり、また仮にいったん施設に収容されたあとも脱走して駅頭などに舞い戻る者が多数いた。

Jさんは、山形の疎開先で空襲被害に遭ったあと、弟と妹を連れて上野駅付近で浮浪生活を送ったが、そのとき浮浪児たちの間で噂になっていた狩り込みや施設収容への恐れやそのイメージに関して以下のように語る。

Jさん：ただ、連れてかれると、来た人が連れてくと、鉄格子のなかへ入れられて、何も食べないで死んでくんだって聞いてたの。孤児の話だと。ただ、鉄格子に入れられちゃって、死んじゃうよってことだけしか聞いてない。

写真6　施設の鉄格子のなかに放り込まれた浮浪児たち（東京・台場、浮浪児収容施設・東水園）
（出典：本庄豊編『戦災孤児――駅の子たちの戦後史』〔「シリーズ戦争孤児」第1巻〕、汐文社、2014年、10ページ）

Ｊさんの語りからは施設に収容されて「食べないで死んでいく孤児たち」が当時は浮浪児たちの間で噂になっていたことがわかるが、この表現にいくぶんかの誇張が含まれているとしても、当時の施設は慢性的な運営費不足に悩まされていて、なかに入って死んでいく子どもたちも多数いたことに鑑みれば、実態は噂とそこまでかけ離れたものだったわけではない。

またＪさんの語りに出てくる鉄格子は、当時の多くの施設に設置されていたことが確認されている(7)。写真6は、東京・台場に当時あった東水園という警視庁管轄の「戦災孤児」収容施設のなかの様子を写したものだが、施設には鉄格子が張り巡らされているのが見て取れる。またなかに収容されている浮浪児たちは脱走を防ぐために裸にされているのもわかる。本章の冒頭では、「戦災孤児」というカテゴリーを付与されることによって生じる社会的信用の失墜や差別的処遇についてみたが、そうした非人間的な処遇は当時の日本政府による児童政策の中心的取り組みだった施設収容でも露骨に体現されていたということもできる。
また、こうした鉄格子がある「戦災孤児」施設に実際に入った経験があるのはHさんである。Hさんは大阪大空襲で親が行方不明になり、その後は大阪と上野で浮浪生活をしたが、上野で警察による狩り込みにあって板橋の東京都養育院に収容された。そのときの様子をHさんは以下のように語る。

Hさん：ほんで、そのうちに狩り込みにあったんですわ、上野の駅で。こっち逃げたらこっちからもう五、六人が来とるし、向こう逃げたら向こうから来とるし。もうヤッコサン〔警察官：引用者注〕なんかは逃げる場所よう知っとるわけですわ。ここ逃げよるちゅなもんで。とうとう狩り込みで捕まって、トラックに詰め込まれて。ほんで板橋の。
筆者：養育院ですかね。
Hさん：うん、収容所みてえな。もう鉄格子のなか放り込まれて。

Hさんは上野駅で狩り込みにあい、補導されて鉄格子がある東京都養育院に収容された。その後、Hさんは別の施設に措置されるが、施設生活をめぐるHさんの語りに関してはあとの項で検討する。

「凄惨な経験」として
この施設経験を凄惨な経験として語るのはBさんである。前述のとおり、Bさんは横浜大空襲で両親を亡くすが、そのときの上半身がなかった父親の遺体のことを特に繰り返し語ったことはこれまでみてきたとおりである。この戦災時の父親の遺体の記憶は、Bさんのライフストーリーの骨格を形成していた。他方でBさんにとって施設経験は特に語りがたい経験であり続けていたことも先にみてきた。他方で、施設経験はいったん語られ始めると、Bさんにとって特に力を込めて、また特に時間をかける主題へと変容を遂げていく。

Bさんは横浜大空襲後にいったん祖母の家に引き取られるが、祖母が多くの子どもの世話をすることができなくなり、協議の末にBさんは施設での生活を余儀なくされる。Bさんは施設に入ることになったときのことを以下のように語る。

Bさん：あんな惨めな気持ちないわよ。

筆者：うん。いやだと思いますね。

Bさん：すごかったわよ。うん。すごいすごいすごいすごい。最初行ったとこは、「戦争孤児」のために作ったたっていうね、O学園っていうのがあったんですよ。N駅の次がO駅っていうところで、それでO駅の向こう側に米軍の基地がばあっとある。いまそこ住宅になっちゃいましたでしょ。でそこへ、「戦争孤児」だけ収容する施設がね。そこへ入れられたんです。もう粗末なあれでしたよ。とんでもない先生いましたから、ぶったり蹴ったりすごいですから。

Bさんは自らの施設経験を、開口一番「あんな惨めな気持ちないわよ」という言葉で表現するとともに、そこでの虐待経験を語りだす。Bさんは「うん、もうねえ、施設もうひどいひどい」と言い、施設のなかでBさんと友人のZさんが受けた暴力のことを以下のように語る。

Bさん：その施設にいたとき彼女〔友人のZさん：引用者注〕は、盲腸の手術をしたんです。（略）で、盲腸の手術して病院から帰ってきたんです。そしたらいわゆる各部屋に寮母みたいに保母さんがいるでしょ。ひどいわよ。ヒステリー起こして、まだ抜糸してなかったんじゃない？　数日後に抜糸しに行く、その彼女を廊下から引きずり下ろして殴る蹴るやったんです。
筆者：いや、危ない、危ないですね。
Bさん：そう。で私止めに入ったの。そしてそれからあたしもいじめられる。めちゃくちゃですよ。

Bさんが施設経験について長い間口を閉ざして、誰にもその経験を告げずにいたことは先にふれた。他方でいったん語られ始めたBさんの施設経験、なかでも施設での虐待経験を中心とする凄惨な経験は、父親の上半身がない遺体に関する語りとともに、Bさんの「戦災孤児」経験のライフストーリーの骨格を形成していくことになった。

「まだましなもの」として

一方、この施設経験を「まだましなもの」として語るのがGさんである。Gさんは山形県に疎開中に両親と姉を亡くし、その後、里子として他家に引き取られるが、そこでのあまりにも過酷な処遇に耐えきれず脱走し、上野で浮浪生活を送る。その後、児童相談所経由で当時、非行少年が多く集められた教護院（現在の児童自立支援施設）という児童施設に措置される。

Gさんの里子としての他家での生活についてはあとの節で検討していくが、この里親宅での生活があまりに凄惨だったために、Gさんにとって施設生活は「まだましなもの」として自らのライフストーリー上に位置付けられることになる。施設生活についてGさんは「施設に行くといちばん感動したのは」という言葉で口火を切りながら、以下のように語る。

Gさん：施設に行くといちばん感動したのは。預けられたうち〔里親宅：引用者注〕だと、あれしろこれしろ、仕事はしなきゃいけない、飯は少ない。そして施設行ったらね、おやつは出るわ、作業はさせられたけどね、まき割りとか、ああいうのもさせられたけど。おやつは出るわ、気にしなくていいわ、気兼ねしなくていいわ。それで、こんないいところないなと思った。児童相談所行ったときもそう。気にすることないんだ。「この野郎」って言う人いないんだ。

Bさんが施設での暮らしをこのうえなく凄惨な経験として語っていたのとは対照的に、Gさんが施設生活を語る口調は、喜々としたものでさえある。Gさんはそれまでの過酷だった里親宅での生活と対照させて施設生活を回顧するとともに、それを「おやつは出るわ、気にしなくていいわ、気兼ねしなくていいわ」という楽園のような場所として語る。

またGさんが施設生活を語るときの中核的なエピソードになるのが、里親宅でそれまで続いていた夜尿が施設に来てやんだという出来事である。

Gさん：施設行ったら、〔夜尿が：引用者注〕ぱっと治った。だって安心だもん。おやつは出るわ、言うとおりやってれば怒る人はいないしさ。あと仲間のけんかが、あるかないかでしょ。だからね、おねしょがね、パタッと止まっちゃった。ところが、ここへ来た明くる日から、いままでしない人がする人もいる。逆なの。だってその子にしてみれば、いままで親んとこにずっといて、こういう団体生活くると気が変わるでしょ。それで、おねしょ始まっちゃう人もいる。私は止まっちゃって。（略）だからおねしょっていうのは、精神的なあれが、だいぶあるんじゃないかと思う。

施設に行って夜尿が止まったというGさんの前記のエピソードは、インタビュー内でも何度となく語られた出来事だった。あとの節でみていくように、「戦災孤児」当事者としてのGさんのライフストーリーの骨格部分は、凄惨な経験をした里親宅での過酷な生活を中心に構成されているが、施設生活はその里親宅での生活とは対照的なものとして語られている。

「居場所、自らの帰属場所」として

Bさんが施設を「凄惨な経験」をした場所として語り、Gさんが「まだましな生活」として語る一方で、Hさんは「戦災孤児」としての生活のなかで、この施設経験を「居場所、自らの帰属場所」とでもいうべきものとして語る。

Hさんは上野で浮浪生活をしたあと、狩り込みにあって児童相談所に措置される。その後、東京の多摩地域で労働施設に措置されたあと、同施設を脱走して再度上野に辿り着くも、そこで愛児の家という児童施設に行き着いた。

この愛児の家は現在も東京・中野区にある児童養護施設であり、創設者の石綿さたよが数人の「戦災孤児」を自宅に預かったことから開始され、石綿家の私財を投げ打って、当時は劣悪な施設も多数存在したなかにあってきわめて良心的な運営をしたことで知られる(8)。

Hさんは、この愛児の家のことを事前に仲間から「格子戸のない収容所があるでっていうもんで、噂で聞いたわけですわ」と語りながら、そこで何とか愛児の家まで辿り着いたときのことを以下のように語る。

Hさん：さたよさん〔石綿さたよ園長：引用者注〕と面会したんやけども、うちはもう手いっぱいで、もうそんな大きな人はいらん言う。

筆者：本当ですか。そうだったんですか。

Hさん：そのときはね。弱ったな、おい。これいまから帰ったらどこへどう逃げていくんやろな。飯は今夕方食べたけれども、ひょっとしたら野垂れ死にするかもしらんと。ほんなら、もうなんとも思てへんから、死ぬいうことは。あれ呼び止められなかったらもう出ていってるわけですわ。ほんだら「ちょっと待ち」言うて。
筆者：そうですか。そうなんですね。
Hさん：ほんなら「もう暗いし、今晩一晩泊まりなさい」と。ほで、風呂入れてもろて泊まって、明くる日なって朝ごはん食べたら「ちょっとおいで」いうことで。

Hさんは一九三三年生まれであり、終戦時に十二歳、愛児の家の門を叩いたときにはすでに十五歳になっていた。愛児の家は年少の子どもたちの保護で手いっぱいの状況にあり、年長のHさんはいったんは施設への受け入れを断られた。しかし石綿さたよ園長は、Hさんを気の毒に思ったのだろうか。その夜はHさんを泊めてやり、その後もHさんは愛児の家に寝泊まりしながら、さたよが世話した仕事に施設から通うようになる。

Hさんの施設経験語りに特徴的なのは、ほかの施設経験者の語りとは明らかに異なり、施設について人生の、いわば「自分の居場所」であり「自分の帰属先」として語ることである。大阪大空襲から大阪での浮浪生活、上野での浮浪生活、狩り込み、施設での使役、そして愛児の家と、Hさんの生活はきわめて流動的であり、またその後も職を十四、五回変えていくが、「戦災孤児」としてのHさんのライフストーリーの骨格は、この愛児の家での施設経験を中心に構成されている点に特徴がある。

4　里親宅／親戚宅での生活をどのように語るか――いちばんつらい時期として

以上、「戦災孤児」当事者たちの語りを、浮浪経験と施設経験それぞれについて検討してきた。次に、里親宅や親戚宅などの他家に引き取られた際の「戦災孤児」経験を、彼ら／彼女たちがどのように語るのかを検討していきたい。

議論を一部先取りして提示しておくならば、里親宅や親戚宅などの他家での経験をめぐる語りには、ほかの経験にはみられない顕著な特徴が見いだされる。浮浪経験と施設経験をめぐる語りには、ある人にとっては「凄惨な経験」として語られ、ある人にとっては「よりましな経験」として語られ、またある人にとっては「自分の居場所」や生涯にわたる「自分の帰属先」として語られるなど、「戦災孤児」当事者それぞれの語りの温度差が存在した。一方で、里親宅での経験や親戚宅での「戦災孤児」当事者たちの語りに特徴的なのは、（少なくとも本書の調査では）一件の例外もなく、「つらく凄惨な経験」として語られることである。

先に本書では、「戦災孤児」当事者たちが過去に「特に語れなかったこと」を検討してきたが、そのなかでもこの親戚宅での経験を「特に語れなかったこと」として挙げる人が多かった。また以下でみていくように、ほかの経験をめぐる語りに比して、この親戚宅をめぐる語りは差別を受けた経験として、また「戦災孤児」として自らが幾重にもスティグマ化された経験として語られるという特徴がある。

里親宅

まず、里親宅での「戦災孤児」当事者の語りからみていきたい。児童相談所経由で他家での里子としての措置を受けた経験があるのはCさんとGさん、そしてIさんの三人である。

里親制度は戦前期にも存在し、他家に養育を委託された子どもは「里子」のほかに「貰い子」「預かり子」などの名称で呼ばれたが、[9]里親制度が法制化され「子どものため」の制度として編成されていくのは戦後の児童福祉法の施行（一九四八年三月一日全面施行）を待たなければならない。他方で、児童福祉法の施行前／施行後にかかわらず、戦後初期の里親制度は子どもの労働力としての使役を目的として運用される場合が多く、大変過酷な労働を強いられる人々も多かった。

Gさんは、自らの里子経験を語る際にそれを「預かる子どもってのは、奴隷と同じだから」という言葉で表現するとともに、里子などで他家に預けられた子どもの「戦災孤児」たちの心理的境遇を以下のように語る。

Gさん：〔他家では：引用者注〕ほんとの自分の気持ち出せない。笑っちゃいけない、泣いちゃいけない、怒っちゃいけない。この三つが十歳前後の人間に徹底的にやられたら、ほんとかわいそうだと思いますよ。だって、その家族とアハハって笑えないんだ。（略）「この野郎、何すんだ」って怒れない。怒っちゃいけない。あと泣いちゃいけない。これがいちばんつらいね。

自分の心を表へ出せない。私、その三つ四つをね、どれほど思ってきたか。で、私の場合はよく月を見てね、泣きました。どうして俺は、私は親がいないんだろう。ね。親のいる人は幸せだなと。私は親いないのはどうしてだ。あ、結局戦争なんだ、そこへ戻っちゃうけどね。ほんとにね、つらくて表へ出て、どれほど泣いたか。

Gさんは東京大空襲で両親を亡くしたあと、児童相談所経由で里子として背中に刺青がある夫妻の家に預けられる。また、そこでの経験のあまりの過酷さから、のちに浮浪生活を送り、また施設での生活を「よりましなもの」としてGさんが語ることについては、前節でみてきたとおりである。前記の「ほんとの自分の気持ち出せない。笑っちゃいけない、泣いちゃいけない、怒っちゃいけない。この三つが十歳前後の人間に徹底的にやられたら」という言葉は、Gさんからは一度しか語られなかったが、Gさんは振り絞るようにしてこの言葉を力を込めて語った。

Gさんは東京大空襲後で父と母、そして姉を亡くして最初は長野県にある親戚の家に預けられるが、程なくして里子として長野県内の他家に預けられるようになる。里親宅は子どもが女の子しかおらず、籍は入れなかったもののGさんはその家で暮らすことになった。しかし程なくして里親宅には男の子が生まれ、Gさんの立場はきわめて不安定なものになる。

Gさんはそうした自らが置かれた立場の不安定さを「自分の子どもは大事にするけどね。人の子だから死んだって、雪国だったから、長野県だ」という言葉で表現し、自らが雪道で死にそうになったときの体験を以下のように語る。

Gさん‥一面に雪降ると、下に小川が流れてても、雪はこうなってわかんないんだよね。そこをね、町まで近道、預けられたお母さんっつうのがね、義母が胃けいれんだか何だかで。そのころ電話なんてないから、薬取ってこいって。町まで近道で、田んぼんなかずっと行ってね。雪の下、川なんだよね。ああいうとこは、そいで柔らかいんだ、そこだけ。ズボッて落っこって、死にそうになったことある。それで平らだからね。でも、そのまま死んじゃってもわかんないよね。探す人もいないし。

Gさんの「死にそうになった」体験は何度もあったことではないが、Gさんはそのエピソードが里親宅での自らの処遇を象徴するものとして語る。

また里親宅でのGさんに対する過酷な処遇は、例えばGさん自らが持参した学生服やよそ行きの洋服を義母が質屋に入れて、それをお金に換えたという出来事に関する語りからも見て取れる。

Gさん‥質屋へ入れたんだ。昔はよそ行きって言葉あったでしょ。大事に大事に持って歩いて、うちで親が持たしてくれた。昔の品物はいいですからね。学生服だけど、オーバーも金ボタンのこうなってんの。それね、俺のやつをね、質屋入れちゃったらしいんだな。もう大もめにもめた。そこの入れ墨してる人のところへ預けられたんだから、奥さんは今度は、賭博場に通ってるような、どうもそんな感じの人だったし。そしたら、私のよそ行きの洋服まで質屋入れて。

　またGさんは里親宅に預けられた当時は十一歳だったが、学校には行かせてもらえず、Gさんの教育歴はそこで断絶する。学校に行くことを止められたGさんは、代わりに日中はよそに働きに出され、給料はすべて里親宅に差し出す決まりになっていた。さらにGさんは、仕事から帰宅後も里親宅で使役されるが、そのときの様子を以下のように語る。

　Gさん：〔よそで働いた：引用者注〕給料は全部、私はほら取られちゃうしさ。こっちも文句も言えないけど。夜、仕事終わって帰ってくると、その夫婦の肩もみ。ほんとのマッサージ師と同じで、足はこことかツボか全身ですよ。全身やるの、毎日ね。それで、おやじさんの終わったら、おふくろのやつをやるわけ。それ、ほとんど毎日。

　Gさんは、自身が里親宅で当時抱えていたストレスについて表現するのに、里親宅で始まった夜尿のことを語る。実家にいたときも疎開中も夜尿経験がなかったGさんは、里親宅に預けられたとたんに夜尿が始まった。その際のことをGさんは「やっぱり精神のあれだと思う」と表現しながら、里親宅での経験を以下のように語る。

　Gさん：もちろん薬なんか買ってくれるわけないしね。それでね、十何歳でしょ。寝小便したら、やっぱりね、ちょっと赤ん坊と違うからね、それはされるほうも大変だ。だけど、こっちは精神的にあれでなっちゃうんだろうけど。で、夏はあれですよ、昔っからある台所に簀の子ってね、昔は簀の子だから、台所。どこでも。その上で寝たり。そうすりゃ寝小便しても布団はぬれないし。それから冬はね、風呂桶って木でしょ、昔から。で、風呂の湯を抜いたあとはね、いくらかまだ木があったかいんでね。そこで寝れば寝小便しても大丈夫ですから。その繰り返しだったけどね。でもお風呂っつうのは毎日ほら、昔は炊かないから。でもその炊いた日は、風呂桶んなかで寝るんですよ。それからあと、夏は布団の上じゃなくて、簀の子の上で寝ると、寝小便しても下着だけ汚れるだけだから、こういう布団は汚れない。そういうことも、繰り返してやってきたんですけどね。

夜尿を里親宅で責められることが続いたGさんは、布団を汚さないために夏は台所の簀の子の上で眠り、冬は風呂桶の底で眠る生活を続けた。里親宅での過酷な使役が続いたGさんは、ある日義父から「なんでもいいから金作ってこい」と言われ、その言葉をどこかで（当時は高価だった）自転車を盗んでお金に換えてくることだと解釈したGさんは、里親宅から逃げ出して上野で浮浪生活を始めることになった。

この里親宅での凄惨な経験を、Gさんは「最もつらかった経験」として何度も繰り返し語った。Gさんがその後の浮浪経験や施設経験をこの里親宅での凄惨な経験と対照させながら、「まだましなもの」として語る様子を前節まででみてきたが、この里親宅での「凄惨な経験」は「戦災孤児」としてのGさんのライフストーリーの骨格をなすものとして構成されていくことになった。

また、児童相談所経由で措置された里親宅で、同じく凄惨な経験をしたのがCさんである。Cさんは新潟疎開時に東京大空襲で両親を亡くし、その後、兄と生活するもそりが合わずにそこから逃げ出し、一九四六年二月十七日から浮浪生活を経験する。その後、「人さらい」のような夫妻についてシケモク拾いなどをするが、夫婦に東北に行くことを告げられて拒否し、再度の浮浪生活に戻る。この二月十七日という日付とそこでの浮浪経験がCさんの「戦災孤児」としてのライフストーリーの骨格を構成していることは先に述べたとおりである。

その後、Cさんは大塚の児童相談所に補導され、そこから里子として他家に行くことになる。その際の児童相談所での職員とのやりとりを以下のように語る。

Cさん：ほんとのこと言うとね、連れていかれちゃうと、お兄さんのとこへ。どうしても帰りたくないと思ったんで。何かでたらめの住所を言ったと思いますよね。それで連絡がとれないし。で、一カ月ぐらいそこにいて、それで「子どもほしがってるうちがあるけど、行ってみない」なんて職員の人がね。それが千葉だったんですよね。里子っていう制度があってね、ちゃんとご飯も食べられるし、きちんとした生活ができるから、どう？って勧められて。「じゃあ、行きます」って言って。で、そこのうちのお父さんっていう人が迎えにきて。

兄とそりが合わず、兄との生活から逃げて浮浪生活までしていたCさんにとって、再び兄との生活を送ることはどうしても避けたい選択肢だった。Cさんは児童相談所の職員に架空の住所を伝え、しばらく児童相談所にいたあとに、里親宅に移り住むことになった。
先に本節では、里親宅から学校に行かせてもらえず教育歴がそこで断絶したGさんのライフストーリーをみてきたが、Gさん同様Cさんの教育歴も里親宅に移り住むことで断絶する。Cさんは里親宅での様子を以下のように語る。

Cさん：だけど、学校も上げてくれるって言ってたんですけどね。ところがね、学校行かしてもらえないで、赤ちゃんがいて子守がほしかったらしいんです、その家は。それでもう農家で、子どもがいたんじゃ農業できないでしょ。だから、朝からもうずっと私がおんぶして、それでお昼は帰ってきてお乳を飲ませなきゃなんないんで。お母さん、畑から帰ってきて、それまでずっとおんぶして、子どもだからおんぶしながら近所遊び歩いてね。そういう生活してたんですけど。そんでそこのうちに、二つか三つ年下の女の子がいてね。学校行ったりね、父兄会なんていうとね、きれいな格好してお母さんが、PTAに行くでしょ。私、学校も行かしてくれないで、毎日赤ん坊をおんぶしてね。おむつの洗濯から、掃除から、何のために来たんだろうっていうふうに考えるようになっちゃって。で、近所の子どもがね、お前は赤ん坊が大きくなったら、おん出されるよって。その家の母親に聞いたんじゃないかしら、それを私に言って聞かせるわけですよ。いまは赤ん坊だからあれだけど、大っきくなったら、おん出されるって、男の子が私に言うんでね。

里親宅でCさんは、もっぱら子守としての労働力として扱われ、学校に行かせてもらうこともなかった。また近所の子どもたちから「お前は赤ん坊が大きくなったら、おん出される」という言葉を何度も聞かされたCさんは、里親宅での生活に希望を見いだせなくなり、実は兄と姉が生きていることを里親に伝えると、再び大塚の児童相談所に戻されることになった。

第5章でもふれるように、里親宅や児童養護施設などに児童相談所から措置された人々の多くは、そこで教育歴が止まっている場合がきわめて多い。また、そのことに劣等感を抱いている「戦災孤児」当事者も少なからずいる。Cさんが筆者の聞き取りの冒頭で語ったのも、自らの教育歴が空襲で親を亡くして以降は断絶していることだった。

親戚宅

次に、「戦災孤児」当事者たちが親戚宅での経験をどのように語るのかを検証していきたい。親戚宅での経験を「戦災孤児」当事者たちが「特に語れなかったこと」として挙げることが多いことは先に述べた。また、この親戚宅での経験がほぼ例外なく「凄惨な経験」として語られる特徴があることも先に指摘してきた。本書の調査対象者のなかで、親戚宅での生活経験があるのはAさん、Bさん、Cさん、Dさん、Eさん、Fさん、Hさん、Iさんの八人である。

なかでも、親戚宅での凄惨な経験を繰り返し語るのがEさんである。Eさんは、親戚宅での「戦災孤児」経験が悲惨なものとして了解されにくいことに関して、以下のように語る。

Eさん：みなさんね、親戚の家からEさんなんか学校も行かせてもらってよかったねって言われたり、それから普通、一般的には、子どもなんだから親戚がそんなひどいことするわけないと言われたり。あとは、子どもだから、すっかり親のことなんか忘れちゃって、それで親戚の家で普通の生活を送っているだろうという認識があるんですよ。（略）もうほんとに、そういう親戚でのね。で、私だけかと思ったらそうじゃなくて、みんなそうなんですよね。それで精神的にすっごい、迫害っていうの、虐待を受けて、それでみんな自殺をしようと。だから、言うんですよね、孤児はね、自殺するか、親戚で我慢するか、浮浪児になるか、三つに一つしか方法はないんですよ。だけど、多くの場合「親戚に預けられてよかったんじゃないの」っていう、その程度なんですよ。

Eさんは、「戦災孤児」たちが抱える親戚宅での苦悩の経験が、「親戚がそんなひどいことするわけない」という社会通念のもとに軽視されたり、ほかの人々に比して相対的に「ましな生活」だったという誤解を受けたりしやすいと語る。また「戦災孤児」たちのなかには親戚宅で精神的に迫害ともいうべき処遇を受けることが多く、「戦災孤児」には「自殺するか、親戚で我慢するか、浮浪児になるか」の三つの選択肢しかないと語る。本章第5節でみていくように、「戦災孤児」当事者のなかには自殺を考え、自殺未遂をした人々が多い。またその自殺未遂も、親戚宅での生活中に試みられることが多い。

Eさんは、「もうほんとに、男の子だったら浮浪児になってたと思いますけどね」と語りながら、

「女性だから、それもできない」とし、また祖母から「自殺したらね、地獄に落ちるんだよ、天国にいるお母さんに会えなくなるんだよ」と言われた経験がつかえになり、自殺もできなかったと語る。

Eさんは浮浪児になることもできず、自殺することもできず、親戚宅での生活に耐え続けた。Eさんは宮城県に学童疎開をし、家族で縁故疎開するために一九四五年三月十日の午前十時前後に宮城から戻るが、そこで東京大空襲を受けて廃墟になった東京の下町を目にすることになる経緯については先にみてきたとおりである。その後、Eさんは叔父宅にいるも三カ月後に隅田川から母親の遺体が上がったことを知らされる。さらにその後、Eさんは奈良の叔母の家に二カ月、兵庫の祖母の家に一カ月いたあと、姫路の叔父の家での生活が始まる。

姫路の叔父宅は、叔父・叔母に加えて七人の子どもがいて、「戦災孤児」だったEさんはひどい差別を受けながら過酷な使役を強いられることになった。この叔父宅での自分の様子をEさんは以下のように語る。

Eさん：だから、どっこも帰るところがなくて。そのころの私は、本当にもう目がね、魚の腐った目って言われるような、もう心が死んでましたね。

Eさんは姫路の叔父宅での自分の表情を「魚の腐った目」をしていたと表現し、当時の自らの様子を「心が死んでいた」という言葉で語る。

Eさんは、叔父宅ではいとこたちから「おまえはな、野良犬だよ。おまえのような親なし子」という言葉を浴びせられるのが常だったという。特に叔母からEさんへの風当たりはきつく、Eさんに罵声が浴びせられることも多かった。そのときの様子をEさんは以下のように語る。

Eさん：姫路のうちで生活が始まったんだけど、姫路のうちは七人の子どもがいるんですよ。それで叔母がね、朝ご飯食べてるとこで、みんな食べてる前で、ずけずけ言う人なんですよ。それで「何でうちが面倒見なあかんのや。東京は」って言ってね、叔父にくってかかるんですよ。そうするといとこたちが、みんな私をいじめるわけ。

筆者：それは。ほんときつかったですね。

Eさん：それがね、毎日のように続いたんですよ、叔母がね。そしたら叔父が「黙れ」って言うんですけどね。叔母は口が達者なんですよ。で、ばーばー言うでしょ、「黙れ。うるさい」って。そうするといとこたちが、私に「おまえ、出てけ。いね」「おまえなんかいなくなれ」ってね、言うんですよ。だけど私はどこへも帰るところがない。下の子にはそう言われる。上の子は、「おまえはな、野良犬だよ。おまえのような親なし子、誰が面倒見るんだ。おまえは親戚中から捨てられたんだから、おまえは野良犬だ」って。

「戦災孤児」当事者には、野良犬や泥棒猫、豚といった呼称を浴びせられ、人間扱いされなかった経験をもつ者が多いが、Eさんは叔父宅でいとこたちから毎日のように「野良犬」という言葉を浴びせられ続けた。叔父宅で受けた虐待や犬だけが唯一の友人だった自分のことを、Eさんは以下のように回顧する。

Eさん：そう、いじめられるし。で、おまえは野良犬だってはやし立てられるし。家へ帰れば、そうやっていじめを受けるし。そして、召使のようにされたんですよ。七人も子どもがいて、長男がいちばんひどくて。それでもう、新聞持ってこい、手拭い持ってこい、あれ持ってこいって、用事を次々に言いつけて。それで気に入らないと、往復ビンタするんですよね。こうやって、こうやってたたくんです。で、理不尽にされるんですよね。ちょっと遅いからとか。もうみんなから召使のように、野良犬だの何だのって言われて。それで犬だけが友達だった。そこに飼い犬のエルって犬がいてね。で、飼い犬が、私が帰ってくると尾っぽ振ってね、迎えてくれるし、縁側でね。田舎だから縁側があって。私が泣いてるとね、エルが涙ペロッとなめてくれたりね。ほんとにあの、犬だけが慰めてくれて。で、私はいっつも犬と一緒にいたんですよ。だから野良犬、野良犬って、余計に言われて。「野良犬好き」なんて言われて、ずっと一緒にいたんですけども。でも犬がすごく、私の心をね、癒してくれたと思うんですけど。（略）そんな生活で、よく河原行って、それでどうしてお母さん死んじゃったの、私一人置いてどうして死んじゃったの、私も連れてってよってね、泣きじゃくってた。

Eさんは、叔父宅で罵声を浴びせられ、こき使われて、奴隷のような生活を送った。その際唯一の心の慰めだったのが、叔父宅で飼っていた犬のエルだったという。そんな叔父宅での生活のなかで、Eさんは自殺を考えることもよくあったという。

Eさんは、叔父宅で朝から晩まで使役されていた。その家内労働は、水汲み、毎食の炊事、洗濯、食器洗い、掃除、布団の上げ下ろし、風呂焚き、雨戸の開け閉めなど、ありとあらゆることに及んだ。叔父宅での使役をEさんは以下のように語る。

Eさん：もうほんとにね、支えになるものが何にもないんですよね。で、五年生、六年生ぐらいからもうね、とにかく働かないと食べさせてもらえないんで、朝早くから起きて、働いて、で、みんな寝てるんですよ、九人は。で、私一人が起きて、それで十人分の食事の支度をするんですよね。ところが当時はね、あのポンプで、井戸ね、水道はないし、薪でご飯炊かなくちゃいけない。とにかく重労働なんですよ。田舎の食事の支度をするのはね。ほんとにいまでこそスイッチ一つで、ご飯、朝できてる。洗濯だって、洗濯板でゴシゴシ洗わなくちゃいけないしね。もう本当に重労働で。それで十人分のご飯ができたころ、みんながぞろぞろっと出てくるんですよ。で、ぞろぞろっと起きてきて、食事支度できたところに座って。そしてみんなが食卓で座ってる時間に、私は十人分の、二人で一組の布団を全部私が一人で片付けるんですよ。だから、まだ体が小さくて、布団が重くて、頭の上に布団載せて運んで。それで自分の寝てた布団ぐらい片付けてくれればいいのになって思ってもね、そんなこと言えないから。全部布団片付けて、今度座敷を箒でね、はたきかけて、全部掃除して。それから今度、慌てて食事して、それから急いで今度お茶わんまた全部洗うわけですよ。それをすまして、学校へ走っていくんですよ。いとこたちはそういうこと全然やらないで、私一人が。だから結局私が奴隷みたいに、女中として使われてたわけなんですよね。だから、ほかの人はやらないんですよ。私が全部それ一人で、布団上げから、掃除から、もう一人でそれやってたわけ。それで、今度学校から帰ってきたら、今度またお風呂焚きから、食事の支度から、もう全部。だってね、縁側にずっと、昔の家はね、ずーっと雨戸があるわけですよ。雨戸閉めたり、開けたりね。もうそれ一つさえ、手伝ってくれない。もう全部私が、お風呂沸かしから何から全部やってね。それで、だから勉強する暇も何もないですよね。もう、くたくたになるまで働いて、で、熱があったって何があったって、もうお医者さんにもかかれない。

叔父宅でのそのような過酷な労働のなかでEさんは結核にかかるが、日常的に医者にかからせてもらえていなかったEさんは、当時の様子を「なぜこんなに疲れがつらいのか、わけがわかんなかったんだけど」と語る。そしてそれでも働き続けた理由を「とにかく私は早く死にたいと思ってたの。死ねばね、楽になるから。だから、つらい仕事でも、やってれば倒れて死んでくれるだろうと。病死するだろうと」と語った。Eさんの叔父宅での生活は、重い病気になっても働き続けていれば「早く死ねる」と思いながら、むしろ動かない身体を動かして働き続けるほどに過酷なものだった。

Eさんが親戚宅でのこの凄惨な経験を長らく誰にも語らず、胸の奥に閉じ込めてきたことは先にも述べた。そこには、その経験があまりにも凄惨であるからこそ語れなかったという理由に加えて、いとこたちがいまだに存命であり、自らが語った言葉が彼ら／彼女たちに届くことを忌避したという理由でもあった。他方で、いったんEさんから語りだされた親戚宅での経験は、「戦災孤児」当事者としてのEさんのライフストーリーの骨格を構成するものになっていく。

また、親を亡くしたときに幼少だったために、親戚宅での生活がより過酷なものになったのがAさんである。Aさんは三歳のときに東京大空襲に遭うが、一九四五年の三月九日から三月十日まで母親の実家に預けられていた間の空襲で実家付近にいた両親と妹を亡くした。その後、Aさんは親戚の家を転々としたあと、父方の長男の家にいた。しかし総勢十五人、子どもだけでも九人いた大家族でAさんまで養う余裕がなく、親がいないAさんは他家に出されることになり、六歳のときに最終的に新潟にある父親の姉の嫁ぎ先である、「ある意味でいちばん縁遠い家」に「お手伝い」として引き取られる。

Aさんはそのときの自分の様子を、「泣くこともできない。笑うことはもちろんありません。笑顔がだんだん消えてって。無表情な子ども、表情が乏しかったしね、豊かな表情はできませんでしたよ。無表情」という言葉で表現する。

Aさん：だって絶対口答えなんかできる力も、もちろんまた年齢からしてもないのですが、本当に痛いっていうようなことも言えなかったですよ。虐待をしてるわけですからね。泣くと怒られるから泣くのはよそうって、まずそこで感情一つ押し殺してますね。それで痛みに我慢して耐えるしかないっていうのが、私の当時の立場でしたね。口答えできる状態ではないですし、本当に痛みに耐えるのが生きざまだったんじゃないでしょうかね。

Aさんが自らを表現する「無表情」「感情を押し殺す」という表現は、「戦災孤児」というカテゴリーを付与された人々が、親戚宅などの他家での生活を回顧するときにたびたび口にする言葉である。Aさんにとっても、親戚宅での生活を語る際にまず出てきた言葉が、「無表情」「感情を押し殺す」というものだった。

Aさんは新潟の伯母の家で過酷に使役され様々な虐待にあうが、以下の出来事をその虐待の一つの例として語る。

Aさん：胃腸にストレスがきたの。お腹を壊してしまって、大変ひどい下痢が続いていたんですね。そしてやっぱり雪国って一、二月ごろって、新潟は雪国ですから。環境に慣れていませんでした。寒い。そこでもって、お腹を悪くしちゃって、そしておばさんに、下着を汚すようなこと、粗相したんですよ。そしたら雪国だから、雪の積もったなかに引きずり出されて、それで冷たい凍り付いた水になります、夜中はね。その凍り付いた水を、私の体に何杯もざぶざぶとかけるのね。

Aさんは、そのときの様子を「本当つらくて、冷たい、寒いなんてのも通り越してるんですよ」と表現し、またそのとき自分の「意識がもうろうとして」きたことを語る。「戦災孤児」当事者のなかには、幼いころに受けた凄惨な虐待のなかで体を壊した経験をした人々が少なくない。また、第5章でも取り上げるが、そうした体の失調はのちの人生にわたって大きな痕跡として体に刻み込まれる場合も多い。Aさんはその後、四十歳のときに腸の病気で入院し手術を受けるが、執刀医に幼少期の腸の病気を疑われることになる。癒着が激しく大変難しい手術になったためである。

また、Aさんは中学二年のときに、よく日記に自分の気持ちを書いていたが、それをいとこに読まれてからますます自分の感情を押し殺すようになったという。Aさんはそのときのことを以下のように語る。

Aさん：ちょうど中学二年生のときに、私は日記をよくつけていたんです。自分の心のそういうことをちょっとしたノートですけど、書いて自分のつらい部分をぶつけていったと思うんです。そして当然いま夏休みとか冬休みって、小学校も中学生でも日記の宿題がよく出るじゃないですか。日記であったり、中学生でもね。私は普通でも日記をつけていました。そしたらそれをいとこが読むんですね。心正直にいろいろ書いて、まさか読むなんて疑ってもなかったんですが、読まれてしまって。何かのときに内容をパッと口走られたことある。あれ？と思って。あんた私んちで世話になってて、なんであんなこと書くの。いじめられているみたいなことをあからさまに書いてたら、それを皮肉られて、日記は読まれているってなったら、もう本音は書けません。

Aさんは「あんた私んちでお世話になってて、なんであんなこと書くの」という言葉でいとこから自分の日記の内容をとがめられ、この出来事以降、親戚宅でますます心を閉ざすようになっていった。

また親戚宅での生活を「本当にそのころはいちばんつらいときでしたね」と語るのはFさんである。Fさんは、親戚宅で衣服を分け与えられなかったことを語り、そして冬に袖が半分の服しかなかったことを回顧しながら、以下のように語る。

Fさん：冬なのにここまでないんですよ。それに私が気がついて、編み物でね、こっから先の手の足りないところを一生懸命編んで、そこを縫い付けて、そして弟に着させたっていう。買ってもらえないので寒い思いしないように。下着も小さいのしかなくて。だから、買ってもらってないから、それを私が自分でね。編み物をほら、せっせといろんなうちのをやって、で、残り糸がありますね。これ残りましたっていうと、いいですよって言われてもらう糸があったんで、それを使ってたぶん編んだと思いますね。ここからここまでなかったんですもんね。

Fさんは、茨城に疎開中に三月十日の東京大空襲で両親を亡くした。その後、Fさんは兄の家で旋盤や納豆売り、花売りなどをして暮らすようになる。家には兄は不在のことが多く、兄嫁からはひどい仕打ちを受けることが日常だった。

またFさんは、兄嫁に学校に持参する弁当を頼むことができず、弟と二人で縮こまって互いの体を暖め合ったときのことを以下のように語る。

Fさん：〔学校の先生が：引用者注〕みんなでお弁当持ってらっしゃいって言って、お弁当持ってって、給食はないからお弁当よって言われて。そして弟も私も両方ともお弁当は持っていかれないわけですよ。それは兄嫁に頼まなきゃあ、お弁当はね、勝手にご飯持ってくわけにはいかないんで。それで二人して、縮こまって温めあったことがありますね。何もなくてね。それはつらかったですよね。

兄嫁に弁当を頼めなかったFさんと弟は、その日の昼食の時間、土手で食べられる草を探しながら過ごすことになった。

以上、親戚宅での「戦災孤児」当事者の語りをみてきたが、先にも述べたとおり親戚宅での生活は、少なくとも本書の調査対象者の人々からは、例外なく「凄惨な経験」「最もつらかった時期」として語られるという特徴があった。また「戦災孤児」であるための差別や冷酷な処遇に関しても、親戚宅についての語りのなかには特に顕著に表れた。

人身売買

他家での生活に関する語りの最後に、人身売買についてふれておきたい。本書の調査対象者十人のなかに人身売買で他家に買われていった人々はいないが、Bさんの友人、Gさんの弟、Jさんの弟がこのケースに該当する。以下で検討する人身売買先での生活に関する語りは、本書の調査対象者が直接経験したことではなく、あくまで近しい兄弟や友人からの伝聞に基づくものであるので本書の主要な検討課題からは外すことにするが、「戦災孤児」たちのなかに人身売買で他家に買われていった人々が多数いた[10]ことも事実であり、一定の検討をしておきたい。

近年の歴史研究が明らかにしてきたように、人身売買とその社会問題化は日本では戦前期にあったばかりでなく、戦後社会でも大きな社会問題を形成していた主題だった[11]。人身売買を問題視する新聞報道は一九四〇年代後半から五〇年代初頭にかけて増えるが、その一方で、日本が高度経済成長期に突入する前夜の五三年には、北海道、東北地方、および北陸地方の冷害と大凶作によって農村部から特に多くの身売りや人身売買が生じたことが記録に残されている[12]。また、この五〇年代は「農家や漁家の労働力としての子どもの人身売買はいちじるしく減少[13]」するとともに、「売春目的の人身売買が激増していた[14]」時期でもある。人身売買が日本社会のなかで大きな社会問題を構成しなくなるのは、高度経済成長期が到来し、それまでの「余剰人口」が労働力として回収されはじめる五〇年代後半から六〇年代初頭を待たなければならない。

Bさんは横浜大空襲で両親を亡くしたあと、しばらくは祖母宅で生活を送るも、多くの子どもの面倒を祖母宅で見ることができなくなったために、親がないBさんは施設に入ることになった。そこでの施設生活をBさんが「凄惨な経験」として語ったことは先にみてきたが、その施設で知り合ったXさんは人身売買を二度経験していたという。BさんはそのXさんが売られていった先での経験を以下のように語る。

Bさん：だから二度も売られていったのよ、彼女。で、二度目はなんかあのへんの地方の大きな農家だったんですって。その本家からちょっと離れたところに家があって、まあ農家だとそんなの一軒も二軒もありますよね。そこの一角に男の人が、三十そこそこぐらいの男の人が寝てたんですって。どうだと思います？それ。

Bさんの友人であり、施設内での唯一無二の親友だったXさんは、二度売られた経験を有していたという。一度目はあまりにも過酷な労働環境のために逃げ出すも、Xさんは再度別の農家に売られていくことになった。その農家は地域では裕福であり、母屋のほかにいくつかの家屋を所有していたが、Xさんは母屋から離れた一つの家屋で寝ている男性の世話をさせられた。Xさんには、程なくその一日中寝ている男性が結核患者であることが知らされる。BさんはXさんから聞いた農家での世話の様子を、以下のように語る。

Bさん：で、その結核の男の人を、そこのうちの息子らしいんですけど、朝起きるとXちゃんは母屋のほう行って食事をお盆に載せてきて、そしてその男の人が食べるのを見届けて食べ終わると一日二回、食べさしてそいでまた返して、朝までやってたって。
筆者：そのために呼んだわけですよね。
Bさん：そうなんです。それで、その人がなんと鉄道自殺しちゃったんです。（略）そこで数年、その男の人を三年くらいか四年ぐらいか世話したんじゃない？　うん、そしたら今度はそのおじさんがあるとき、「Xちゃん、自分と一緒に死んでくれないか」って。だからいやだって言ったんですって。うん。いやだって言って。それでね、逃げ出したのかな。

Xさんはその結核の男性の介護を三、四年担ったあとに、その男性から「一緒に死のう」と言われ、拒否し、その直後に農家から逃げ出す。その後Xさんは、自らも肺結核を患っていることに気がつくことになった。

人身売買とそれに伴う子どもに対するきわめて劣悪な処遇は、「戦災孤児」当事者たちに対するライフストーリーを聞き取っているなかで、何度か私自身が間接的な伝聞として聞き及んだ主題である。本書の調査対象者十人にとって身近な人身売買の事例は、このBさんの親友のXさんのほかに、Gさんの弟とJさんの弟が該当する。特にGさんの弟とJさんの弟は、一時期まで手紙のやりとりはあったものの、その後は連絡が取れなくなった。

敗戦後日本社会の「戦災孤児」当事者には人身売買で他家に売られていった人々が多数いたことは歴史研究のなかでここ二十年あまりの間に明らかにされつつあるが、私の調査中には、結局、人身売買経験がある当事者に直接話を聞く機会に恵まれなかった。これは、当時は人身売買で他家に売られていった人々が相対的に少なかったからというわけでは決してなく、売られていった人々の他家での生存率自体が、そのあまりにも過酷な使役からそもそも高くないだろうことが推測されること。また、仮にそのような過酷な条件を生き残れていたとしても、人身売買という処遇は彼ら／

彼女たちがそれを口に出してカミングアウトするにはあまりにも過酷で深刻なスティグマを当事者たちに刻み込むものである可能性が高いことなどが、今回の調査対象者に彼ら／彼女たちを含むことができなかった理由に挙げられるだろう。

5　自殺を考える

本章では、主に浮浪生活、施設生活、および親戚宅などの他家での生活を「戦災孤児」当事者たちがどのように語るのか、もしくは語りがたいのかを検討してきた。またそうした検討のなかで、「戦災孤児」という社会的カテゴリーが付与されることで生じる差別や凄惨な経験のあり方を検討してきた。

「戦災孤児」当事者たちが自らの幼少期のつらい生活を語る際に頻繁に登場するのが、自殺を考えたときのエピソードである。この自殺に関する「戦災孤児」当事者たちの語りは、彼ら／彼女たちのつらい経験の中核を占めているが、その自殺に関する語りに特徴的なのは、少なくとも本書の調査対象者では、親戚宅などの他家での生活に関するエピソードのなかで言及されるという点である。本書の調査対象者に対するライフストーリーの聞き取りのなかで、この自殺を企図した、もしくは考えたことが語られたのはAさん、Cさん、Eさん、Fさん、Gさん、Jさんの六人だが、いずれも親戚宅などの他家での生活を語る際に、この自殺という主題が出現する。

前節では、「戦災孤児」当事者によって浮浪生活や施設生活が、「凄惨な経験」として語られることも「まだましな経験」として語られることも、また場合によっては施設生活が「自分の居場所」として語られることもある一方で、親戚宅などの他家での生活は例外なく「凄惨な経験」として語られることを指摘してきた。「戦災孤児」当事者たちの語りで自殺に関するエピソードは、そうした「凄惨な経験」が語られる際にその中核的な主題として登場する。

例えばＡさんは、三歳のときに両親を東京大空襲で亡くし、親戚宅をたらい回しにされたのちに伯母の嫁ぎ先で生活するようになるが、その生活を「凄惨な経験」として語ったことは前節でみてきたとおりである。Ａさんは、この親戚宅での生活のなかで行き詰まり、自ら命を絶とうとした。

Ａさんの学校生活や進学に関する語りは次章で検討するが、Ａさんは中学卒業後、担任の先生の強い勧めもあって高校に進学する。三歳で親を亡くして六歳で伯母宅での生活を始めたＡさんは伯母宅で過酷な労働を強いられるとともに、学校での勉学は「頑張らなくていい」といつも言われていた。同居の伯父・伯母はＡさんを高校へ進学させる気はなく、中学を出たら働きに出すつもりでいた。そのようななかでのＡさんの進学は、Ａさんにとって過重な精神的ストレスになった。

Ａさんは小学校から中学、高校と年齢が上がるにつれて変化していった伯母宅でのいじめについて「もうだんだん体が大きくなって非常に役立ってきて重宝されてますから、小学校時代は叩かれるとか、何かってその肉体的虐待ですから。大きくなるにつれて、言葉の暴力が増えていきましたね」と言い、その凄惨な経験の質が成長とともに変化していったことを語る。

担任の先生に勧められて伯母一家はしぶしぶＡさんの高校受験を認めるが、受験を面白く思っていなかったという。「みなしごのおまえなんか生意気にさせたくない」という気持ちが伯父・伯母にはあり、「大して勉強もさせてやってないから、落ちると思ってたと思うんです」と、伯父・伯母からのマイナスの期待をAさんは語る。他方で、Aさんは高校受験に合格するが、その直後から伯父・伯母のAさんに対する嫌みは日に日に激しさを増していったという。Aさんは、その際の様子を以下のように語る。

Aさん：受かってホッとしていちばんうれしい時間じゃないですか。それを伯母とその娘から嫌みやんやん言われるのね。そしたら、私も自分でどうしても行きたくて高校に行くわけでなくて、担任の先生のお骨折りがあって、こういういい道に進ませてもらっているもんだから。あと高校に合格したときに初めて、以前父の学費を伯母が立て替えていたことを聞かされて、「父の学費も返してもらってないのに、親子二代の学費をなぜ我が家で払わないといけないのか」と嫌みを言われて。もうこれじゃあ、私は学校に行かないほうがお金かかる心配もさせないでいいと。それで私だってこんなふうに言われて、勉強なんてついていけないかもしれないと。そんなことをいろいろ大人になってくればなってくるほど、考えが深くなってくるわけですね。じゃあ、いまもう命を絶ったほうが、そういう心配もまずさせないですむ。そして、死んでしまわないかぎりは、親には会えない。死んで早く親に会いに行こうって、そっちの気持ちがだんだんと、いままで我慢してたことが、だんだん悪いほうに悪いほうにいくんですね。

Aさんは、高校進学をめぐって以前にも増してひどくなった伯父・伯母からの嫌みに耐えかねて、また高校生活を続けられる自信がなくなり、「死んでしまわないかぎりは、親には会えない」という気持ちが日に日に強くなり、自殺へと気持ちが傾いていった。その後、Aさんは自殺を企図するが、そのときの様子をAさんは以下のように語る。

Aさん：ちょうど私が住んでいた家の裏に、上野発の貨物列車で、金沢行の貨物列車が、北陸線です。その列車がちょうど私の傍を夜中の十二時に通過するんです。汽車だからいつもダイヤが一緒でしょ。十二時になると、そこを通過してくってのを毎日の生活のなかでこれは知ってました。だから私はそっと裏木戸から、線路の前に立ったんです。この重い貨物列車のなかにパッと入れば、重いから一瞬にして潰されて両親のもとに行けるなって、そう思い立ったら居ても立っても、そっちのほうへと人間はいってしまいます。いろいろ考えるゆとりがないんです。そうしたら、伯父さんと伯母さんとみんなに迷惑かけないで、もうすむと。そっちのほうへ気持ちを畳み込んでいる。わかりませんが、私母の声も覚えてるわけじゃなし、だけど線路際に立って、まさにっていうときに「死んじゃだめ」っていう、なんかわからないですけど、女の人の声であったのは間違いないです。死んじゃだめ、死んじゃだめ、生きるんだよって、そんな叫び声がどこからか私の頭のなかに、ガンッと入ってきたんです。ふっとこう、我に返ったっていう瞬間ですかね。そうなったら今度怖くなってきました。来たときあんな暗闇のなかを普通に農道を来たんですよ、線路際まで。そこを今度帰ってくときの怖かったこと。我に返ってから、こんな真っ暗闇の農道をどうやっていま来たんだろうって、一目散に家に、裏木戸からそっと気がつかれないように入って、布団のなかに入りましたけど、声出して泣いたら気がつかれる。声を押し殺して、布団のなかで泣きました。

高校進学の件で伯父・伯母との関係が悪化していたAさんは自殺を企図し、毎日夜○時に通る貨物列車に身を投げるつもりで線路際まで近づくも、間一髪のところで自殺を免れた。Aさんのように自殺を企図した「戦災孤児」当事者には、ほかにCさん、Eさん、Fさん、Gさん、Jさんがいるが、いずれのケースも親戚宅などの他家で生活を送るなかで、差別を受け凄惨な経験をし、そのさなかに自殺の選択をしようとしたという特徴がある。また何より目を引くのは、そのようにして自殺を企図したことがある「戦災孤児」当事者たちの多さである。彼ら／彼女たちのライフストーリー形成のなかで、親戚宅や里親宅など他家での生活を語りにくかった人々が多いこと、またそこでの経験は一件の例外なく「凄惨な経験」として語られることは先に述べた。自殺の企図をめぐるエピソードは、親戚宅や里親宅など他家での「凄惨な経験」のなかでもその中核に位置付けて語られることが多いという特徴がある。

6　他家での家族関係で先鋭化するスティグマ

本章の狙いは主に「戦災孤児」たちに生じた社会的信用の失墜をめぐる経験を彼ら／彼女たちがどのように語るのか。その際に、主に浮浪生活や施設での生活、また親戚宅などでの生活をどのように語るのか。そしてそのような場で「戦災孤児」というカテゴリーが付与されたために生じた困難とはどのようなものだったのか、を検討することだった。

「戦災孤児」当事者たちは幾重にも入り組んだ差別のなかで、ときに野良犬や泥棒猫などの呼称を浴びせられ人間扱いされないことも多く、また物がなくなった際には真っ先に疑われるなどの社会的信用の失墜を経験していた。「戦災孤児」当事者たちの語りには「特に繰り返し語られる経験」が存在するとともに、そうした語りが彼ら／彼女たちのライフストーリーの中核を形成していることが確認できた。

また、「戦災孤児」当事者の語りで、浮浪経験と施設経験は「凄惨な経験」として語られる場合も「まだましな経験」として語られる場合も、そして場合によっては「自分の居場所」として語られる場合もあったが、親戚宅や里親宅などの他家での生活はすべて「凄惨な経験」として語られ、場合によってはその他家でのつらく苦しい生活についての語りの中心に自殺を企図した経験が据えられることが多いこともみてきた。その意味で、親戚宅や里親宅などの他家での生活は、「戦災孤児」というカテゴリーが付与されたために生じる差別や劣悪な処遇が先鋭化する場だったということもできるだろう。

「戦災孤児」というカテゴリーに囲い込まれることで付与されるスティグマ[15]のあり方の解明が本書の軸の一つだったが、それは少なくとも本書の調査対象者のなかでは親戚宅や里親宅といった他家の家族関係のなかで最も先鋭化しやすい主題であるということができる。浮浪生活や施設生活とは異なり、親戚宅や里親宅という空間では、同居者との対面的相互行為場面で「親がいないこと」そして「戦災孤児」であることを常に突き付けられ、そこにパッシングなどをする余地は残されていない。またそうした自らがスティグマ化されやすい空間のなかで、敗戦後の食料難という事情が彼ら／彼女たちへの差別や冷酷な扱いをより先鋭化させることになった。

多くの場合、「戦災孤児」の社会表象は主に闇市や駅の地下道でたむろする浮浪児や、施設収容された孤児を中心に、その圧倒的多数が描かれてきた。本書の第2章では新聞記事を分析資料にして、敗戦後空間で「戦災孤児」たちが「慈しむべき哀れな孤児像」と「危険な浮浪児像」という二面性を有するものとして表象形成されてきたことも、これまでみてきたとおりである。また、ジャーナリストや歴史家による検証も、「戦災孤児」を主に浮浪児を中心に検討するものが多数を占める[16]。

他方で、少なくともライフストーリー論からの検証という研究視座からみるかぎり、「戦災孤児」たちの最も凄惨な経験としては、親戚宅や里親宅などの他家での家族関係で先鋭化する差別やスティグマが特に多く見いだされる。またそうした知見は、「戦災孤児」をめぐる議論や研究を、今後、浮浪児中心のものから親戚宅や里親宅を視野に入れるものへと変えていく必要性を喚起しているともいえるかもしれない。

注

(1) 戦時期の学童疎開に関する教育史の視座からの主要な研究には、逸見勝亮『学童集団疎開史――子どもたちの戦闘配置』(大月書店、一九九八年)などがある。

(2) 東京大空襲に関する詳細は、早乙女勝元『東京大空襲――昭和20年3月10日の記録』(〔岩波新書〕、岩波書店、一九七一年)ほかを参照。

(3) 戦後の児童相談所の設置プロセスに関しては、特に岩永公成「児童相談所の組織構成の成立過程――三部制の導入をめぐって」(法政大学大原社会問題研究所編「大原社会問題研究所雑誌」二〇〇六年八月号、法政大学大原社会問題研究所)、藤井常文、倉重裕子訳『キャロル活動報告書と児童相談所改革――児童福祉司はなぜソーシャルワークから取り残されたか』(明石書店、二〇一〇年)に詳しい。

(4) このNHKラジオドラマ『鐘の鳴る丘』に関する「戦災孤児」研究から書かれた論文に、前掲「NHK連続放送劇「鐘の鳴る丘」の一過性打破と視覚化」がある。

(5) 戦前期日本の主要な孤児院・育児院研究に、細井勇『石井十次と岡山孤児院――近代日本と慈善事業』(〔MINERVA 社会福祉叢書〕、ミネルヴァ書房、二〇〇九年)、土屋敦／野々村淑子編著『孤児と救済のエポック――十六～二〇世紀にみる子ども・家族規範の多層性』(勁草書房、二〇一九年)などがある。

(6) 戦前期に孤児院と呼ばれた施設が、戦後の養護施設時代を経て、特に一九九〇年代以降に被虐待児童の保護施設になっていく軌跡に関しては、前掲『はじき出された子どもたち』、吉田幸恵『社会的養護の歴史的変遷――制度・政策・展望』(〔MINERVA 社会福祉叢書〕、ミネルヴァ書房、二〇一八年）などがある。

（7）もちろん、鉄格子がない施設も多数存在した。例えば東京都中野区にある愛児の家は当時の石綿さたよ園長のもと、きわめて良心的な運営がなされていたことで知られる。この愛児の家に関しては、前掲『浮浪児1945』に詳しい。また、この愛児の家所蔵の史料編纂は、浅井春夫／艮香織／酒本知美編集・解説『戦争孤児関係資料集成 第Ⅰ期 愛児の家史料』（全五巻、不二出版、二〇二〇―二一年）にまとめられている。

（8）東京都中野区にある児童養護施設・愛児の家に関しては、前掲『浮浪児1945』と前掲『戦争孤児関係資料集成 第Ⅰ期 愛児の家史料』を参照。

（9）戦前期日本の里親制度に関しては、三吉明編『里親制度の研究』（日本児童福祉協会、一九六三年）などに詳しい。

（10）敗戦直後の人身売買の対象として「戦災孤児」たちが多数含まれていた点については、藤野豊『戦後日本の人身売買』（大月書店、二〇一二年）に詳しい。

（11）同書を参照。

（12）戦後日本社会における人身売買関連の資料集成として、藤野豊編『編集復刻版 戦後初期人身売買／子ども労働問題資料集成』（第一巻―第四巻、六花出版、二〇一三年）、同編『編集復刻版 戦後初期人身売買／子ども労働問題資料集成』（第五巻―第七巻、六花出版、二〇一四年）、石原剛志編『編集復刻版 戦後初期人身売買／子ども労働問題資料集成』（第八巻―第十巻、六花出版、二〇一四年）がある。

（13）前掲『戦後日本の人身売買』二二一ページ

（14）同書二二一ページ

(15) 前掲『スティグマの社会学』を参照。
(16) 例えば、前掲『浮浪児1945』、本庄豊『戦争孤児――「駅の子」たちの思い』(新日本出版社、二〇一六年)などを参照。

第5章　「戦災孤児」を生きること
——学校生活、就職、そしてその後の人生

はじめに——「戦災孤児」というカテゴリーと学校生活、就職

前章では、主に「戦災孤児」当事者たちが、自らの浮浪生活や施設での生活、親戚宅などでの生活をどのように語るのか、また、そのような場で「戦災孤児」というカテゴリーを付与されたために生じた困難とはどのようなものだったのかを検討してきた。本章では、主に「戦災孤児」当事者たちの学校生活と進学、そして就職に焦点を当てる。

「戦災孤児」当事者にとって、学校生活や進学、そして就業に際しては、「戦災孤児」特有の困難が横たわる。前章でも一部を紹介してきたが、「戦災孤児」たちのなかには空襲などで両親を亡くした時点で教育や学校生活が断絶している場合も多い。またそれは、児童相談所経由で紹介された

里親宅であっても、現在の児童養護施設にあたる施設養護の場であっても、在籍する子どもへの公教育が十全になされていたかには大いに疑問が残る点も前章でみてきた。

「戦災孤児」たちの進学や就職などの場にも、「戦災孤児」固有の困難が付きまとう。彼ら／彼女たちには、義務教育期間中もいい学業成績を期待されることはまれであり、義務教育以降の進学にはきわめて高いハードルがあったことが多い。また「戦災孤児」たちの就業に際しても、就職差別などの障壁が幾重にも立ちはだかることが多い。

1　就学／進学

「教育」の断絶

前述したように、「戦災孤児」当事者のなかには空襲などの戦災被害で両親を亡くした時点で教育歴が止まっている人々が多い。本書の調査対象者のなかで、「戦災孤児」になったために教育歴が止まった人々にＣさん、Ｇさん、Ｉさん、Ｊさんがいる。

学校に行けない／行かせてもらえない

そうした教育歴の断絶のなかで最も多くを占めるのが、両親が亡くなって預けられた里親宅や親戚宅の養育者の方針で学校に行かせてもらえなかったケースである。特に里親宅で養育を受ける場合、それが児童相談所経由で紹介された委託先だったとしても、そこから学校に通えたケースは、少なくとも本書の調査対象者の経歴を確認するかぎり、一人も存在しなかった。敗戦後にGHQ／PHW主導下で、日本で初めての子どもに関する総合立法である児童福祉法が公布（一九四七年十二月）され、里親制度も法的な裏付けのもとで運営されるようになる。(1) しかし、少なくとも戦後直後に里親委託に出された人々のライフストーリーを聞くかぎりでは、里親側に里子を学校に行かせるという発想自体が希薄であり、里子を家事や家内事業などに使役する存在以上のものと考えていた形跡は見当たらない。

以下の語りは、私がGさんのライフストーリーを聞き取るために冒頭の挨拶をすませた直後に開口一番に語られた言葉である。

Gさん：私は文字書けない。大体小学校、戦争終わって。終わってじゃない、戦争始まって、小学校三年、四年半ぐらい、四年生の半分ぐらいで疎開行った。それから学問は一切、習ってない。戦争中は、学校もご存じのとおり、あの黒い墨で塗った教科書っていう時代だから。で、疎開先では、地元の学生と半々でやったからね。

一九三四年生まれのGさんは、小学校四年生のときに山形県に疎開したが、自分の教育歴はその学童疎開に行った時点で断絶していて、疎開先では十分な教育が施されなかったと語る。その後、Gさんは四五年三月十日の東京大空襲で両親を亡くすとともに、長野にある里親宅での生活を強いられることになるが、その里親宅での生活をGさんが凄惨な経験として語ったこと、また里親宅からは学校に行かせてもらえず、そのことがGさんの教育歴の断絶を決定的なものとしたことは先にふれたとおりである。

また、Gさんと同じく児童相談所経由で里親宅に措置されたあと、里親宅から学校に通わせてもらえなかったのがCさんである。Cさんは新潟県に疎開時に東京大空襲で両親を亡くして兄と生活を始めるが、兄とのそりが合わなくなって家から飛び出して浅草で浮浪経験をする。兄の家から飛び出した一九四六年二月十七日という日付とその日にあったことをCさんが克明に記憶していることは先にふれたとおりである。この二月十七日に「人さらい」のような浮浪者夫婦に声をかけられ、シケモク拾いなどをしながら浮浪生活を送ったのちに、この浮浪者夫婦の東北に生活拠点を変えるという提案を拒否して、上野で再度浮浪する。Cさんはその後、児童相談所経由で措置された里親宅で学校に通わせてもらえないという処遇を受ける。Cさんはその里親宅での様子を以下のように語る。

Cさん：学校も上げてくれるって言ってたんですけどね。ところがね、学校行かしてもらえないで、赤ちゃんがいて子守がほしかったらしいんです、その家は。それでもう農家で、子どもがいたんじゃ農業できないでしょ。だから、朝からもうずっと私がおんぶして。

Cさんはその後、この里親宅での過酷な労働から逃げ出すが、Cさんの教育歴も、この里親宅から学校に通わせてもらえなかったことで断絶する。

一方、遠縁の親戚宅に引き取られたのちに、そこから学校に通えなくなっていったのがIさんである。Iさんは東京大空襲を自宅で経験し、逃げ惑うなかでプールに飛び込んで九死に一生を得る。その後、遠縁の親戚宅で女中のような生活をする。Iさんは親戚宅に移った最初のころは学校に通えていたが、徐々に通えなくなっていったことを以下のように語る。

Iさん：最初は学校も行かしてくれてたんですけどね。やっぱり、こっちが遠慮するから、それなりになっちゃったわけよね。遠慮して、ほら、当時は食べ物がないから、買い出しに行くんですよね。それで今日学校休んで、買い出しに行きますって言って、それで千葉のほうまで買い出しに行くんですけどね。

Iさんは当初は学校に通っていたものの、食料の買い出し要員として他県まで行くうちに徐々に登校できなくなった。また、そのようにして学校に通えなくなった背景にはIさん自身の親戚宅での遠慮があったことにふれながら、Iさんは以下のように語る。

Iさん：だから、まあ、本当に私のこと思ってくれるんならね、買い出しなんか行かなくていいから、学校行きなさいって言ってくれたと思うんだけど。やっぱりほら、家にいれば役に立つでしょ、いろんなことね。だから、だんだんに行かしてもらえなくなっちゃったんですよね。

こっちが遠慮してたらね。

「戦災孤児」当事者にとって、親戚宅や里親宅などの他家から学校に通うには、実際に通っていた場合であれ通えなくなった場合であれ、幾重にもハードルが存在した。「戦災孤児」たちが他家での生活のなかで教育の対象として見られることはきわめてまれであり、少なくとも本書の調査対象者のなかでは一人も存在しなかった。「戦災孤児」たちの他家での役割はもっぱら家事労働や家内事業での労働であり、学校に通っている場合であってもそこでいい成績を修めることは期待されないことがほとんどだった。

また、こうした教育歴の断絶は、「戦災孤児」当事者たちにとって大きなコンプレックスとして語られることが多い。それは、ライフストーリーのインタビュー時に開口一番にGさんが「私は文字書けない」という言葉で筆者とのやりとりを開始した点にも端的に表れている。あとの節でもみていくように、「戦災孤児」当事者のなかには、自らが親になったときに、自分が受けられなかった学校教育を子どもにはしっかり受けさせてやりたいと思ったと語る人々もいる。

施設での教育の不在

次に、施設のなかでの教育の不在に関する「戦災孤児」当事者の語りをみていこう。「戦災孤児」たちは、児童相談所に措置されたあと、主に養護施設（現在の児童養護施設、戦前の孤児院や育児院）や教護院（現在の児童自立支援施設、戦前の感化院や少年教護院）に措置されることが多かった。

歴史的にみれば、こうした養護施設（孤児院）や教護院（感化院）は孤児や貧困児童の非行化や不良化を予防するために子どもを施設で養育し、子どもに義務教育を受けさせることに大きな労力を割いてきた。[2] また教育を重要視する養育環境の確保は、現在の児童養護施設や児童自立支援施設でも同様に、大きな課題であり続けている。

他方で、もっぱら「戦災孤児」の収容施設だった戦後の養護施設や教護院では、少なくとも本書の調査対象者の語りから検討するかぎりでは、そこで子どもの教育が重視された形跡は見当たらない。本書の調査対象者のなかで施設での生活経験があるのはBさん、Cさん、Dさん、Gさん、Hさんの五人だが、多くの人には施設で教育を受けた、あるいは施設から学校に通った経験がない。Cさんは、入所していた施設で週一日数時間程度の学科教育を受けていただけだった。またDさんが、収容された施設から地元の小学校に「試験的入学」ができたのは戦災から三年以上が経過した一九四八年六月以降であり、そのときDさんはすでに十三歳になっていた。

こうした施設内での教育の不在に関して、Gさんは以下のように語る。

筆者：施設から、そのなかから学校っていうのは、通ってはいなかった感じなんですか。
Gさん：うん、いない。
筆者：なかで勉強を教える先生とか。
Gさん：は、なかったな。
筆者：なかったですか。

Gさん：勉強の覚えは……。作業はしてたけどね。

Gさんの語りなどから、里親宅と同様に施設であっても、それが「戦災孤児」たちの教育の中断を補完し、公教育を再度履修するための足掛かりになったとは到底いえない場合が多かっただろうことがうかがえる。

就学上の困難

また「戦災孤児」当事者たちには、就学を継続するうえでの困難や進学上の困難が幾重にも存在する。本書の調査対象者のなかで空襲などの戦災で両親を亡くしたあとも学業を継続できたのはAさん、Dさん、Eさん、Fさんの四人だが、十三歳で小学校に「試験的入学」をしたDさん以外の三人は、親戚宅での過酷な労働の合間を縫うようにして学校に通ったことは前章でもみてきたとおりである。

またこうした就学時の困難は、学校での入学式などの大きなイベントのときに、特に際立つことが多い。「戦災孤児」当事者たちの多くは終戦時に小学校中学年から高学年であり、入学式というイベントを「戦災孤児」として過ごしたのは本書の調査対象者のなかではAさんだけだが、この入学式のつらい記憶をAさんは以下のように語る。

Aさん：新潟の小学校に入学をしました。そのときは一九四八年で戦後三年ですけど、地方でも、もうランドセルっていうのが普及しはじめてたんですね。いまみたいに何色もありません。男の子はもちろん黒いランドセル、女の子は赤いランドセルでした。それで入学式にみんな参加をしてました。私は茶色の、昔いとこの使っていた、よれよれのカバンを背負わされて、私は入学式に参加をしました。でもその女の子の赤いランドセルが本当うらやましくて。

筆者：うらやましかったでしょうね。

Aさん：それで自分が惨めでしたね。みんなからやっぱり見られるわけですよ。だから本当にいとこの着古した洋服に、使い古しのランドセルを背負わされて小学校の入学式に行きました。そのときは親が生きてたらなって、本当それ思いましたね。私もこんなランドセルを買ってもらえただろうなと思って。もうどうしようもない現実で。

Aさんは、小学校の入学式のときに背負わざるをえなかった、年のかなり離れたいとこのランドセルの記憶を、自分の学校生活の困難のひとつの象徴的な出来事として語る。また「両親がいる子ども」が背負う新しいランドセルと、「戦災孤児」である自らの境遇を対置させながら、「親が生きてたらな」という言葉で当時の自分の心情を回顧する。

「戦災孤児」たちの学校生活では、親戚宅からのマイナスの期待ともいうべき要求がされることも多い。Aさんは小学校一年のとき、東京から舞踏家の著名な先生が来て指導を受けたあとに、学芸会のダンスの演技者として十六人（百五十人中）に選ばれるが、その舞台で使う衣装がほしいと伯母に言ったものの苦い顔をされたときのことを以下のように語る。

Ａさん：ダンスの衣装のことを伯母に話したら、おまえには学校に行っても頑張ってもらわなくていいって言ったろって。確かに入学式のときに、「学校に行ってもおまえは頑張ってもらわなくていいんだから」って、それは言われてたんです。でも意味がわからなかったんですね。だから、「はい」とは言ったものの、頑張らないっていうことはなんだろうなと思いつつ生活を始めました。そのときも頑張ったっていうわけじゃないけど、伯母さんに、著名な舞踏家の先生に選ばれたので、白い洋服お願いしますって言ったら、そのお金がかかるから、そういうものは頑張ってもらうと費用がおまえにかかってくるので、それを避けたかったってね。で、嫌みを言われて、そして結局はみんなとは同じものは作ってもらえず、薄茶色の小学四、五年生くらいまで着れる普段着用のワンピースを持たされて。だから本当うれしいところに、不幸せに悲しい思い出がいつもこうやってくっつくんです。

Ａさんは、小学校入学時に「頑張らなくていい」という言葉で、学校での勉強や行事に対して積極的に努力しないように伯母から言い聞かされていた。そのあと、この「頑張らなくてもいい」という言葉は、学芸会の場にかぎらず学校生活の節目節目で伯母の口から繰り返されていく。また学芸会では、結局Ａさんは練習時には自分だけ衣装を持たせてもらえず、会の本番に普段着用の衣装を持たされて大変恥ずかしく惨めな思いをすることになった。

学業継続に関する困難は、「戦災孤児」当事者たちが成長し、家業の手伝いでより重宝されるようになればなるほど、その度合いを増していく。小学生から中学生になり、体が大きくなったために増えていく親戚宅での使役のことをAさんは以下のように語る。

Aさん：だって小学校のころはまだ家庭のなかの掃除とか、食事の世話とか手伝いとか後片付けとか、家庭内のなかの仕事が中心でした。でもだんだん体力がついてくるじゃないですか。一年一年ね。中学校になると体力もついてきましたから、肉体労働プラスアルファで。当時生活がまだまだ貧乏ですよね、日本はまだ昭和二十年代はね。だから、畑を借りたかなんかして持っていて、家で野菜なんかを作っていました。だから、伯母が畑仕事をやると、当時まだ人糞の時代です。だから肥やし桶に人糞を入れて、漏れないように蓋をちゃんとする。木の桶に人糞を入れて、それを担いで山の二キロぐらいあるんですかね、山の畑に運ぶ役目なんです。伯母が大変だから、そういう役目はお手伝いの私が全部担当です。だから学校から帰ってくると、畑で待ってるから今日は早めに帰ってきて、その肥やし桶を担いで、山に運んできてくれって、朝学校に行く前に言われるのよ。だから学校から急いで帰ってきて、それをやって、一回ではすみませんから、担いでいく分量はね。また帰ってきて、また詰めてまたってていうふうにして、二、三往復するっていうことをやっていましたかね。それは中学校のころですね。

Aさんは中学生になると、家のなかでの使役に加えて外での労働が増え、毎日睡眠不足のまま学校に通うことになった。また家のなかでは勉強することを期待されないため、宿題や定期試験の際などには隠れて徹夜で準備をすることもしばしばだったという。

進学の困難

「戦災孤児」当事者たちから語られる学校に関するエピソードのなかで、進学をめぐる困難や葛藤は彼ら／彼女たちがライフストーリーを構成するうえで大きな位置を占める場合が多い。例えば、Ａさんは三歳のときに東京大空襲で両親を亡くし、親戚宅をたらい回しにされたあとに伯母の嫁ぎ先に引き取られ、過酷な使役のもとでの生活を強いられることになるが、Ａさんが自らの学校時代を語る際に大きなウエートを置いているのが、自らが義務教育を終えて進学するか否かというタイミングで生じたある出来事についてである。

Ａさんはその出来事を以下のように語る。

Ａさん：中学校の二年生ぐらいだったと思うんです、進路調査っていうのがありました。卒業して高校進学するのか、就職するのか。当時はまだ半々ぐらいの時代でした。私の世代はね。どうするのかを決めて、学校に提出する調査がありました。それで当然お手伝いですからね、学校なんか考えてもいませんでしたし。進学か就職かに丸を付けて提出しなさいっていう調査でしたので、伯母さんに、こういうものが来たので、どうしたらいいのか相談して、伯母さんはもう働いてもらわなくちゃ当然困るので、就職に丸を付けて出しといてくれっていうふうに言われました。それは当然として、就職に丸を付けて提出しました。そしたら、しばらくしてから学校から、校長先生と担任の先生が、最初は伯父が呼び出されたような記憶もあるんですが、ちょっとそこは定かではないんです。でも家に来られました。それでやっぱり保護者になっていたものですからね、伯父さんっていうのは。私と血のつながりはもちろんありません。伯母は父の姉ですから血はつながっていますけど、伯父はその夫ですからね、他人じゃないですか。一応保護者っていうことで学校に提出しておきましたので、伯父さんのほうに学校の校長先生と担任の先生が見えて、就職でもちろん丸を付けて出してもらっているけれども、この子の力をもう少し伸ばしてもらうわけにはいかないでしょうかねっていうふうにして、相談を持ちかけにきてくださったのね。

中学二年のときに学校で進路調査があり、「お手伝い」として伯母宅で使役されていた自分には当然進学という選択肢はないと思っていたAさんは、伯母に進路調査票を見せ、就職に丸をして学校に提出する。その後、その進路調査票を見た担任の先生と校長先生がAさんがいる伯父・伯母宅まで訪問し、伯父にAさんを高校まで出させてくれるように頼んだ。結果として伯父はAさんが高校に進学することを許可し、Aさんは県立高校に合格して進学するが、そのことがもとで伯父・伯母とAさんの間にいざこざが生じ、Aさんが自殺未遂をするほどにつらい目にあったことは前章でみてきたとおりである。Aさんは、校長先生と担任の先生が家に訪れたあとに生じた親戚宅内でのいざこざを以下のように語る。

Aさん：伯母もね、伯父に相談をして丸を付けて進路調査票を出したわけでありませんよね。伯母が、伯母のところでもう決めて、出しといてくれって言われてるから。だって伯母にしても、自分の夫にとっては、私は他人の子です。だから伯母も遠慮があったんですね、伯父の手前。だから伯父には通さないでも、遠慮して〔Aさんに：引用者注〕働いてくれっていう気持ちが強くて。でも伯父に言わなかったっていうことが、それは伯父にしたら、俺がおまえをいつ高校に入っちゃいけないって言ったかと。先生から言われたから、恥をかかされたっていって、これがまた大変な虐待にあいました。（略）でも伯父は、学校に出すから頑張れということで許して、そういうことがあって、伯父も渋々ですよ。でも痛い目にあったんですけど、おかげさまで高校に行くことができたんです。そこに一つそういう山が、実は隠されていたんです。

Aさんにかぎらず、「戦災孤児」当事者にとって特に義務教育以降の高校進学は大変高いハードルであり、仮に進学できたとしても、そこには多くの苦労が待ち受けている場合が多い。Aさんの場合も、何とか進学という道は開けたものの、伯父・伯母とAさんの間に大きな禍根が残る事態になるとともに、そのことでAさんは伯父から大変な虐待を受けることになった。

このような難局を乗り越えて進学をし、その後、Aさんは高校を卒業するが、そのことの大変さがほとんど理解されることはないとAさんは語る。Aさんが「戦災孤児」であることを知る多くの人々が、Aさんが高校を卒業できた事実を話すと、「高校卒業できてよかったわねっていう人が大半」であり、そこでは「あなたは恵まれてるわねっていう言葉で、ぱっと言われちゃう」ことが多く、そのことがAさんは「とてもつらいんです。そんな一言じゃすまされないんです」と語る。

唯一の休息場所としての学校

学校に通うことができた「戦災孤児」たちの多くが親戚宅での労働と学業の両立に多くの困難を抱える一方で、彼ら／彼女たちにとって学校生活自体は「唯一の休息場所」として語られることが多い。

Fさんは茨城に疎開中に東京大空襲で両親を亡くして兄と兄嫁の家で生活をするが、中学卒業後に旅館に働きに出ることになる。旅館での仕事が「戦災孤児」であり女性であるFさんにとっては性被害と隣り合わせのものだったことは先にふれたが、そんななかでもFさんは定時制の高校に通うことを決める。定時制高校に通うことに対する旅館の女将の批判的な態度にもかかわらず、通学をやめなかったことをFさんは以下のように語る。

Fさん：それでもう女将さんにさんざん怒られましたね。ええ。もうそういうこともありました。
筆者：まあでも、それでも定時制には行きたかった。
Fさん：行きたかった。もうお友達がいるしね、何より行ったら寝られるわけですよ。それで旅館にいたんじゃ寝る場所がないんですから。それで行っちゃあ寝て行っちゃあ寝てね、勉強する間は全然ないわけですから。

旅館で女中として働き始めたＦさんは、何も勉強をしないままで社会に出たくないという一念で、旅館での仕事が終わったあとに定時制の高校に通った。Ｆさんが高校を「何より行ったら寝られるわけですよ」と語っていることにも垣間見られるように、当時兄と兄嫁宅でも、仕事先の旅館でも休息する時間も場所もなかったＦさんにとって、定時制高校が唯一の休息場所だった。

親身になってくれる先生の存在

また、「戦災孤児」当事者が語る学校生活で、彼ら／彼女たちが「戦災孤児」であることを知って親身になってくれる先生の存在が、ライフストーリーのきわめて重要な構成要素になっていることが多々ある。例えばＦさんは、家での兄嫁との関係に悩みながら通学を続けたが、自らの学校生活で親身になってくれた先生の存在の大きさを以下のように語る。

Ｆさん：先生方が、よくしてくれたっていうかね。それが、ずいぶん私自身が生きていくうえで励みになったと思いますよね。それはもう、とても、本当に。いま生きてる人は何人もいませんけどね。先生に一人ね、絵の先生がいたんですよ。で、その先生がね、本当にいろいろとよくしてくれて。お正月に、お雑煮食べにおいでと、お正月のお料理ちょこっとだけど、あるから食べにおいでって言われて行ったんです。そしてね、そんときにお餅をいっぱい、お雑煮やら焼いて食べたりとかね、中学二年生ぐらいのときでしたよね。そうしたらね、先生がね、いろいろと私から話を聞き、自分も子どものころこうだったとかっていろんな話をしてくれてるときに、お餅を食べてお腹いっぱいになって、先生が話をしてるのに、私寝ちゃったんです。先生の話を聞きながら寝てしまった。うん。もう本当にね、まあお腹いっぱいになっちゃって、それで安堵感ですよね。先生のところに来て、こうやって安心してしゃべって、話聞いてもらえてっていう安堵感で、それでしばらく寝てから起こされて、自分が寝たの初めて気がついたんですけどね。そんなこともありましたよ。だから先生にも恵まれたんですね。そういう方にね。

Fさんの美術の先生はFさんが「戦災孤児」であることを知って、正月に自宅に招いて食事を出してFさんの様々な悩みを聞いてくれた。その安堵感でFさんは部屋で眠ってしまうが、このエピソードはFさんの学校生活に関するライフストーリーのなかで、Fさんに何よりも大きく取り上げられた出来事だった。

またAさんは、自らの学校生活のなかでも「〔小学校：引用者注〕三年生が私いちばん印象に残った学年です」と語りながら、そのなかでも最も印象に残っている出来事として、伯父・伯母宅での凄惨な経験と、そのような状況でもとりわけ学校の先生にお世話になったことを語る。Aさんは三年生の図工の時間にクレヨンで絵を描いているときに、先生に白っぽい絵をいつも書いていることを発見される。先生はAさんがいつも描く白い絵に心の異常を見て取って家庭訪問をするが、そのことでAさんは伯母から凄惨な虐待を受けることになった。Aさんが家でのいじめや虐待を学校の先生に言いつけたと思ったからである。Aさんはそのときの様子を、「虐待を受けながら、この言葉も暴力も受けながら、それで痛い目にあうけど、泣いたらまたさらにひどい目にあうので、そういうところでも痛みをひたすら我慢するしかなかった」と表現する。

そのような凄惨な経験をしたAさんを助けてくれたのが、当時の担任の先生だったという。Aさんはそのときの様子を以下のように語る。

Aさん：翌日にたぶん顔かなんか腫れたかなんかしたかもしれませんけど、学校に行って、私の先生がすぐ異常に気づいてくださって、それでそういう家庭に一時間でもいいからあなたを帰さないようにしてあげようって、学校に残りなさいって言って、先生の考えで、放課後みんな学校から帰ったあと、一時間ぐらい教室に残してくださったんですよ。そして、そこで先生がいろんな話をしてくださったりして、私もときには黒板を消したりするお手伝いなんかもしたんですね。先生が、その私の仕事ぶりを大変褒めてくださって、先生助かるよ、ありがとうって言って、感謝もしてくれるんですね。（略）三年生になって先生が褒めてくださる。きれいにしてくれたねって、仕事ぶりを、たったこの黒板を消すだけの仕事でも、先生がこんなに褒めてくださるから、褒められる喜びっていうのは、ものすごく大きかったんです、私。

筆者：本当そうですね。

Aさん：先生からその褒められるっていうことに、初めて喜びを知りました。それでまたさらに先生は学校の図書室に連れてってくれて、偉人伝っていうのがいっぱいありましたね。『ナイチンゲール物語』とか『ヘレン・ケラー物語』とか、先生が本当偉人伝っていうのを、いろんな本を読みなさいって。

筆者：ありがたいですね。

Aさん：そしてみんな子どものころに苦労したけれど、みんな立派になったんだよっていうふうに先生が言ってくださって、そして本当いろんな本を薦めてくださいました。図書室に行って、一時間残ったしばらくの間は、その本を読んでいました。そして先生は、いまお父さんもお母さんも亡くしちゃってつらいだろうけど、乗り越えていこうねって、きっと報われる日がくるよって、すごく先生は私を励ましてくださった。その言葉がいまでも忘れられません。小学校三年生でもちゃんとそういうことは、つらい分だけ優しい言葉がすっと入って記憶に残るんですね。それが三年生のときの先生との出会いで、私は本当にあの学校がなければ、私は生きれなかったように思います。叩かれたり、何かのそういう虐待を受けるのが家ですからね、ホッとできる場所は学校だったんです。だから息抜きができました。

前記のエピソードは、Aさんが自らの学校生活をめぐるライフストーリーのなかでいちばん印象に残っていると語る出来事である。Aさんは家で伯母にひどい虐待を受けた翌日に学校に行ったところ、担任の先生が毎日一時間追加で学校に残してくれ、いろいろな話をしてくれた。また、ナイチンゲールやヘレン・ケラーの伝記を薦めながら先生が言った言葉、「お父さんもお母さんも亡くしちゃってつらいだろうけど、乗り越えていこうねって、きっと報われる日がくるよ」という言葉が、その後のAさんの座右の銘になっていく。Aさんはこのエピソードに言及しながら、「あのときの先生からのあの言葉がなければ私はこのように生きてはこれなかった」と語る。

Aさんは高校卒業後に就職し、結婚したあとは専業主婦として生活し、子育てが一段落したタイミングで再度働きに出るが、そこで選んだのが学校給食の職員の仕事だった。Aさんは学校での給食の仕事に携わることになった動機を、「助けてもらったから、私は学校が大好きでした。だからいつしか学校にご恩返しをしようって決めていたんです」と語り、自らの人生のなかでお世話になった学校という場所のありがたさについて繰り返し語った。

2　就職

就職の困難をどのように語るのか

次に、「戦災孤児」たちの就職に関するライフストーリー、そして就職の困難を彼ら／彼女たちがどのように語るのかを検証していきたい。これまで「戦災孤児」当事者の就学継続や進学の困難についてみてきたが、就職でも「親がいない」ことによる採用の壁が立ちはだかることが多い。

例えばFさんは兄と兄嫁宅で生活しながら中学を卒業したあとに就職活動をするが、一次試験や二次試験に通ることがあっても、その先の採用は「孤児だから」という理由で落とされることが常だったことにふれながら、以下のように語る。

Fさん：私自身でいえば、中学を卒業してすぐあとに、進路をどうするかと。先生に相談したら、中卒だけだとなかなかなって。でもまあ受けてみなさいって言って受けたんですが、要するにね、両親がいないっていうことがね、障害になってね。

筆者：みなさんネックになってますね。いろんな場所でそうです。

Fさん：ええ。本当にね、いいところに行ってもね。ちょっと一次、二次が受かっても落っこっちゃうんです。もうそれは本当につらかったですね。それでしょうがなくて結局旅館の女中になったんですよ。

Fさんは中学卒業時にいくつかの企業を受けるも、結局「孤児だから」という理由で落とされ、やむなく旅館の女中として働くことになった。この旅館の女中の仕事が性的被害と隣り合わせの仕事だったことは先にふれたとおりである。

また、就職の入り口で大変な苦労をしたのがEさんである。「戦災孤児」たちの就職活動には、採用過程で「孤児だから」という理由で就業まで辿り着かないという困難のほかに、住み込みでの職を探さなければならないというハードルが加わる。Eさんは「戦災孤児」として就職活動をしていた際に自らに向けられた採用者たちの態度を「ほんとに人間以下の扱いなんですよね」という言葉で表現しながら、自らの就職活動の困難を以下のように語る。

Eさん：で、住み込みで〔職を：引用者注〕探すんですけども。その住み込み、親がないっていうだけで、はねられちゃうんですよね。それからね、やっと見つけてもね、夜具を持参が条件で、布団がない。

Eさんは「戦災孤児」であるためにいくつかの職場で就業できず、やっとある海苔屋から就職の内定が出るが、住み込みでの仕事だったものの夜具持参が条件になっていて、当時は高価だった布団を買うお金がなかったEさんは、結局海苔屋で働くことができなかった。

親戚宅から一銭も持たされずに職を探さざるをえなかったEさんは、極貧状態のなかで女中などの仕事を転々とした末に、女子寮がある菓子屋に就職するが、そのときの様子をEさんは以下のように語る。

Eさん：うん、それで、そのお菓子屋店舗の住み込みの会社の寮に、姫路に親がいます。

筆者：っていう、嘘をつかれて。

Eさん：嘘をついて。それで、そこの会社に採用されて。で、寮に入ったんです。会社の寮に。女子寮ね。で、女子寮に入るのに、布団をみんな持っていかなくちゃいけない。だから、その布団を、もういちばん安いね、せんべい布団を買って。で、布団を買ったら、もうせっけん買うお金もなかった。もうほんと、せっけんも長い間、あの、下着もシャツも洗えなかったぐらいですよ。うん。

極限状態の貧困生活を送っていたEさんは、採用試験の際に「姫路に親がいる」と嘘をついて菓子屋から内定をもらう。当時「戦災孤児」当事者たちは、「親がいる」と嘘でもつかないかぎりまともな職に就くことはできなかった。Eさんの嘘は、「戦災孤児」当事者なりの生存戦略だったということができる。

転職の多さ

次に、「戦災孤児」たちの就業と転職に関する語りを検証していきたい。「戦災孤児」当事者の就職や転職に関するライフストーリーを聞き取るなかでまず気がつくのは、彼ら／彼女たちの転職回数の多さである。例えば、本書の調査対象者のなかでも転職が最も多いHさんは、計二十回前後の転職を経験している。「戦災孤児」当事者たちの転職回数の多さは、彼ら／彼女たちが「戦災孤児」であるために、不安定な職を転々とせざるをえなかった結果でもある。

Eさんは宮城県に疎開して、三月十日に実家に戻る直前に東京大空襲で親を亡くし、その後、親戚の家で過ごす間に過酷な使役を受けるが、学校卒業後に就職活動をするも「孤児だから」という理由でまともな職を得られなかった。その後、Eさんは「親が姫路にいる」と嘘をついて菓子屋に就職することは前述のとおりだが、その菓子屋に就職が決まるまでは貧困状態のなかで職を転々とした。

貧困状態で女中などの不安定な職を転々としたそのころの様子を、Ｅさんは以下のように語る。

Ｅさん：そいで、朝から晩まで働いて、寝るまで働いて、それでそういう生活。それが女中なんですよ。当時の女中で。それで、夏に出てきたから、姫路〔の親戚宅：引用者注〕からね、一銭も持ってないんですよ。くれないんですよ。それで、友達のお餞別の汽車賃で東京へ出てきて。それから今度、就職して女中になって、それが夏だったから、三月ごろまでいたんですよね。だからかなりいましたよね。で、そこではね、もうとにかく給料が安いんですよ。ほんと貯金もできない、布団買うお金が……。だからこれではね、一生このままの極貧生活になっちゃうのかと思って。それで、布団をとにかくね、買うためのお金を貯めなくちゃいけないと思って。それで、知り合いの人の紹介で、浅草の飲み屋行ったんですよ。おでん屋の女中なんですけどもね。そしたらそこの女将から、うちの養子になれって言われた。自分の老後の世話をさせると。一カ月しかいなかったんですけれども、一カ月ぐらいたったらね、もうそういう人柄がわかってくるのね。それで、そんなとこへ養女になるつもりはまったくなかったから、だから断ったんです。夜、九時ごろですよ、夜中ですよ。そしたら即追い出された。

Ｅさんは「戦災孤児」であることが障壁になって職に就くことがかなわず、おでん屋の女中として働き始めるも、一カ月くらい働いたあとにおでん屋の女将から養女にならないかと言われる。Ｅさんがその申し出を断ると女将は夜九時であったにもかかわらずＥさんを追い出した。親がなくお金もなく住み込みで働いているEさんにとっては、夜中に追い出されることはその晩寝る場所を奪われることをも意味した。

その後、Eさんは、「戦災孤児」としての自分が拒否されない仕事として女中と女給のどちらかで働くしかないことを思い知らされ、まだ給料がましな女給として働くことになるが、そのときの様子をEさんは以下のように語る。

Eさん：家がないとね、寝るところがなきゃ、住所もなきゃ、ね。そういうことで、とにかく女中か女給しかないいんだからと思って探して。女中は、すごく給料が安いんでね、女給ならね、少しならましだろうと。それで場末の、いちばん端っこの場末の小さなところから、入ってていって言われて。で、そこで、ママ一人しかいない、三畳一間で、ママと私と寝るっていう。それでちょこっと、五、六人しか座れないような、そういう狭い店なんですよ。

筆者：ああ、そうなんですね。

Eさん：はい。場末の小さなところ。でも酔っ払い相手ですからね、夜のね。で、そこで働いて、少しお金貯めて。だけどね、何しろ化粧品から、洋服から何も持ってないんですから。そういうものから買ってくと、もうほんと、お金って残らないんですよね。でも必死に貯めて。それで、やっと布団買うだけのお金ができて、それで布団を買って、で、やっぱ住み込みでね、会社の寮なんですよね、菓子店舗、お菓子屋の。デパートの派遣で。

Eさんは女中よりはまだ給与がましな場末の酒場で女給として働き、少しずつ必死でお金を貯めて布団を買うだけのお金を蓄えた。その後、先にみたとおりEさんは「姫路に親がいる」と嘘をついて菓子屋に就職する。

また、現在に至るまでに職を二十回近く転々とした経験をもつのがHさんである。大阪大空襲時に空襲を直に体験し、親を亡くしたHさんは、大阪と東京・上野で浮浪生活を送ったのちに、現在も東京都中野区にある児童養護施設である愛児の家の門を叩いた。そこでの生活についてHさんが「自分の居場所」であり「自分の帰属先」として語ることも先にみてきた。

愛児の家に辿り着いた際にすでに十五歳だったHさんは、園長の石綿さたよの紹介で施設から仕事に出るようになるが、仕事場との折り合いがよくないこともあり、仕事を転々と十四、五回変わることになる。Hさんはそのときのことを以下のように語る。

Hさん：うん。ほで、そのうちのいちばんきつかったんがせっけん工場。
筆者：せっけん工場ですか。
Hさん：せっけん工場でもう結局はせっけんを固めるまでの間にドロドロになるわけですわ。ほいだら、もうその臭いでいやなる、せっけんの臭いで。
筆者：そういうもんですか。せっけんは結構いい匂いしますけどね。
Hさん：せっけんいうのは、最後は香料入れてそこまでいったらいい匂い。それまでに固めるまでの間にいろんなもん、あれを入れるもんやから、もう臭いでいやなって、ママ〔石綿さたよ園長：引用者注〕、もうあかんわ。もう臭いだけでへど吐くと。「そう、ほんならやめとこか」言うて。ほんなら、そんで、次はろうそく工場。ろうそくはようやけどしますねん。
筆者：大変ですね。
Hさん：なんでやけどしたんか、いつの間にやら火が付いて、手袋に。
筆者：本当ですか。それは怖いですね。
Hさん：火が付いて、「熱い、熱い」言うままやけどするわけですわ。これもかなわん、あちこちもうやけどだらけやから。ろうそくの芯には蜂蜜のかすを流し込むあれがあるねん。それがまた煮えくり返ってるとこ流し込むもんやから熱いわけです。そこも「もういやや」言うて。で、次がボタン工場。こんないろんなボタンを、これも型、機械でコンコン。ほんだら、隣の人が間違うて指飛ばしたり、「あんなん怖い」言うて、「いやや」言うて。
筆者：大変ですよね。いや、怖い怖い、確かに。
Hさん：「怖い」言うて辞めたんですわ。なんやかんや言って、もう十何カ所変わりました。
Hさんは、せっけん工場、ろうそく工場、ボタン工場など、愛児の家で紹介された仕事を転々とし、紆余曲折を経たのち、鉄工所などで働くようになる。

3　体の不調

以上、本章では主に「戦災孤児」当事者たちの学校生活や就学継続、進学の困難をめぐる語り、そして就職の困難や転職をめぐる語りをみてきた。彼ら／彼女たちは「戦災孤児」であるために過酷な使役や就業を余儀なくされる場合が多いが、そうしたなかで生涯にわたって後遺症が残る体の不調に見舞われることも多い。次に、そうした体の不調を「戦災孤児」当事者たちがどのように語るのかを検証していきたい。

「戦災孤児」であるための過酷な使役や労働のなかで、「子どもが産めない身体になった」と語るのはFさんである。Fさんは茨城県に疎開中に東京大空襲で親を亡くして兄宅で兄嫁との生活を送ることになるが、「孤児だから」という理由で中学卒業後にまともな就職先がなく、旅館で女中として働き始めた経緯は先にみた。またFさんは、この旅館での女中としての仕事と並行して定時制高校に通い、高校生活のことを当時の唯一の休息場所として語ったことも本書では先にみてきた。

Fさんは、そうした過酷な生活のなかで生じた体の不調に関して以下のように語る。

Fさん：結局ね、そもそも私が結核性腹膜炎っていう病気にかかったことが大本なんですね。で、結核性腹膜炎っていうのは何でなったのかっていうと、激しい労働と、栄養が十分足りなくて、それでなったわけですよね。ですからあの、自分自身が普通の並の生活をしていれば、そんなことはなかったと思うんですよ。だからあの旅館の女中の暮らしのなか、そして、やっぱり自分自身が、定時制高校で頑張って、だから激しい労働をやったうえにまた定時制行くわけですからね。ずいぶん自分の体を酷使したんじゃないかと思うんですね。だから自業自得だって言われりゃあ、それっきりなんですけれども、そういうなかで結核性の腹膜炎と。（略）そこで一年半、都立府中病院に、いまはもう普通病棟になってますけど、その当時はあの、結核だけの療養所だったんです。

Fさんは中学卒業後、昼間は旅館の女中の仕事をし、夜は定時制の高校に通いながら過酷な日々を過ごしたことで結核性腹膜炎になるが、Fさんがこの疾患に罹患するまでには前史があった。Fさんは小学校のころ、小学校の健康診断で「小児結核の疑いあり」という通知を受け取るが、同居の兄嫁が質屋に通っているのを知っていたFさんは、また病院通いにお金がかかると申し訳ないからということで、その通知を兄夫婦には見せなかった。結果、その後の生活のなかでFさんは結核性腹膜炎に罹患する。

結核性腹膜炎は一年半の治療を経て一応沈静化するが、この病はFさんのその後の人生を大きく変えていく。Fさんはこの結核性腹膜炎の自らの身体への影響を以下のように語る。

Fさん：その後アルバイトや、雑誌社に勤務することになって、私は、二十六歳で結婚し、二カ月後に妊娠しましたが、結核性腹膜炎の癒着が原因の子宮外妊娠で、子どもが産めない体になってしまいました。さらに手術時の輸血がもとで、C型肝炎になり、その後もその治療のために週二回注射を打っていました。いまはその注射はなくなって、新薬ができたんでね、いまもまだ治療中です。

Fさんは二十六歳で結婚し、その二カ月後に妊娠するも、「戦災孤児」として送らざるをえなかった過酷な日々の代償として罹患した結核性腹膜炎の癒着が原因で子宮外妊娠になり、その後、子どもが産めない身体になったと語る。Fさんは「子どもがとてもほしかった」と語り、自らが子どもが産めない身体になったことを、声を絞り出すように語るが、その後のFさんは「自分が子どもを産めない代わり」に、今後、自分のような不遇な「戦災孤児」を生み出さないための反戦運動に力を注いでいく。

また、「戦災孤児」として過ごした過酷な日々のために片目を失明したのはEさんである。Eさんは宮城の学童疎開地からの帰宅の際に東京大空襲に遭って親を亡くし、その後、親戚宅を転々としたあとに、姫路にある親戚宅で生活することになるが、この親戚宅での過酷な使役をEさんが「凄惨な経験」として語ることは前章でもみてきたとおりである。その後、Eさんは就職活動をするも「孤児だから」という理由でまともな職にありつくことができず、酒場の女給などをしながらお金を貯めた。Eさんの片目の失明はそうした「戦災孤児」としての過酷な生活に起因するが、自らが片目を失明した経緯を以下のように語る。

Eさん：目を悪くして、目が、右目失明したんですよ。

筆者：ほんとですか。

Eさん：それで、それはお医者さんに言わせると、成長期にね、タンパク質の不足で、目の底が普通ならツルツルしてるのに、あなたはザラザラだと。コンクリートみたいにザラザラでね。これじゃね、見えなくてもしょうがないって。成長期の栄養不足なんですよね。それで、本当は両方見えなくなっても不思議じゃないんだけど、左目だけはね、残しておいてくれたのも、また助かったんですよ。これもね。

Eさんの右目の失明は子どものころのたんぱく質不足に起因するものであり、Eさんのその後の生活に大きな支障を生じさせることになった。

また幼少期に親戚宅で過酷な処遇を受けたために、腸の癒着を起こしたのがAさんである。三歳で「戦災孤児」になったAさんは六歳から伯母宅での過酷な生活を強いられるが、そこでの生活ではことあるごとに虐待を受けることが日常だったという。Aさんは、伯母宅に移り住んだばかりの六歳のころに下痢症状が止まらず、そのことで伯母から真冬に折檻を受けた経験を以下のように語る。

Aさん：本当つらくて、冷たい、寒いなんてのも通り越してるんですよ。それで今度意識がもうろうとしてくるのね、ああいうふうになってくと。それで当時の時代として、いまは逆に言ったら、お腹を壊したときは水分を取りなさいっていう指導ですよね。ところが当時は真逆です。

筆者：逆だった。

Aさん：それで昼間からお腹を壊しているわけですから、水なんか絶対飲むなっていうふうにして言われていましたので、ずっと水分っていうのは下痢をしながらも取れてないんですね。夜になって、とうとうトイレが間に合わなくなって下着を粗相してしまって、おばさんに怒られて庭に引きずり出されるわけ。そして汚れたものみんな取って、水をかけるわけですから、足も裸足です。雪の上に裸足で立たされて、外に貯めてあった水が凍ってるわけですよ。それでバケツで水を体にざぶん、ざぶんとかけられる。意識ももうろうとしてきましたけど、私はこんなに寒いのに、なんで喉がこんなに渇くんだろうって、そのころ六歳でも不思議に思ったんですね。お水を飲むなって言われてるし、我慢をしたけど、そのときはどうにも苦しくなってきて、お水をおばさんに怒られるのも承知して、台所の水道でかめに当時は水を貯めてましたからね、ひしゃくで水を一杯すくって、そうっと飲んだんです。でも、そのときのお水のおいしかったこと。その飲んだことで、きっといまの言葉でいうと五臓六腑に染み渡るっていう、大人の感覚ではそういう表現で。なんかお水が、体がそれでシャンとしてきたっていう、なんであんなに苦しかったのに、私はこんな体がシャンとしてきたんだろうっていうぐらい、水をぶわっと吸収したんでしょうね。だから、それもいまにして思えばの言葉ですけど、脱水症状っていうのをきっと起こしてたんじゃないかと、これはいまの私の憶測です。当時はそんなことも知る由もありませんから。でもあのとき水を飲まなかったら、そのまま意識朦朧のまま、たぶん死んでったんじゃないかと、私はいまでも思ってます。

伯母宅に移り住んだばかりのAさんはことあるごとに過酷な折檻を受けたが、前記の仕打ちはそのなかでも特に過酷なものだったという。当時、下痢症状が止まらなかったAさんは伯母から「水を飲むな」ときつく言われるも、下痢が止まらず夜に下着を汚して厳しい折檻を受ける。結局、Aさんの下痢症状はなかなか治まらず、Aさんの身体に大きな負荷をかけることになった。

このときの下痢症状は、のちに腸の疾患だったことがわかるが、そのときのことをAさんは以下のように語る。

Aさん：それから四十年たって腸の病気をしたんです。そして手術を受けたんですね。そしたら、その執刀した先生が、あなたは子どものころに腸の病気をしていませんでしたかって言われたんです。それで、ああ、あのお水をかけられたときの、あのときにずっと下痢が続いてたから、そのときのことだなと思ったから、たぶんその病気をしてたと私は思いますけどって言ったら、そのときは、病気をしてたけど、ちゃんと治してもらっていませんでしたねって。腸がこんなに癒着しているのは、子どものころに病気をしないと、こんなにひどい癒着にはならないはずだと。その先生が執刀してくださったんですけど、たくさん手術の経験してるけど、こんなに腸の癒着のひどい患者さんは初めてって。ここ数年で癒着したのとはちょっと違うと。あなたの癒着した腸を剝がすのにちょっとでも失敗したらあなたの命はないから非常に気を使いましたって、手術したあとで先生がそのことを話をしてくださって。

Aさんの伯母宅での暮らしで生じた腸の癒着は、その後四十年の時を経て腸の手術をする際に執刀医によって発見される。「戦災孤児」当事者のなかには、子ども期の過酷な生活環境が原因の疾患にいまもなお苦しめられる人々が多い。いまも残る彼ら／彼女たちの病をめぐる語りは、あまりにも過酷だった自らの子ども期のライフストーリーを象徴する出来事として頻繁に表出される。

4 「家族」をつくること、「子ども」をもうけることへの願いと拒否感

ここまで、本章では「戦災孤児」当事者たちが「戦災孤児」であるために経験することになった、自らの就学や進学の困難、そして就職機会の制限や就業継続をめぐる困難についての語りを検討してきた。次に、彼ら／彼女たちの家族形成、および子どもをもうけることをめぐる語りをみていきたい。「戦災孤児」として両親をともに亡くし、戦後を生き抜いた彼ら／彼女たちがどのような家族を作ることを望むのか／望まないのかが、以下での検討課題である。

本書の調査対象者十人のなかで、結婚生活を経験していない者は一人もいない。またその初婚年

齢も当時の平均初婚年齢よりも若い場合が多い。一方で、子どもをもうけることに関しては、調査対象者の間で大きな温度差がある。

例えば「俺は子どもはつくらない」と話すのはGさんである。Gさんは東京大空襲で両親を亡くしたあとに里親宅にもらわれるも、そこで凄惨な経験をするが、里親宅から脱走して上野での浮浪生活や教護院での施設生活を経て、中華料理屋で働き始める。その後、Gさんは結婚するが、自分の子ども時代があまりにも凄惨だったからだろう、子どもをもうけないという選択をすることになる。

一方、Fさんは「戦災孤児」になる前の「両親とともに過ごした家庭をもう一度という強い気持ち」があり子どもの出産を願っていたが、「戦災孤児」として過ごした過酷な日々の代償で罹患した結核性腹膜炎の癒着が原因で子どもが産めない体になり悲嘆に暮れた経緯については先にみたとおりである。Fさんはその悔しさを以下のように語る。

Fさん：それはね、もう本当に多くの孤児がそういう思いじゃないかと思いますよね。せめて自分ができなかったことを、子どもを産んで、やっぱり、そういう温かい家庭をもちたいっていうのは、もう心底、心からありましたよね。だからもう本当に産めないっていうことになったときにはもう本当ショックでしたね。ええ。でもうちの夫もショックだろうしあんまりそのことを言っちゃいけないと思ってね、しゃべりませんでしたけどもね。

Fさんがこのように悔しい経験をしたあとに、自分のような子どもを二度と生み出さないため、反戦運動に傾斜していくことは先にふれた。また、第3章で「戦災孤児」当事者たちには「沈黙の半世紀」「沈黙の七十年」ともいうべき長い沈黙の時があることを指摘し、本書の調査対象者の多くもそのような沈黙の時を経てきたことに言及してきたが、そうしたなかでもFさんは例外的に、自らが「戦災孤児」であることを周囲に語る際に逡巡がなかった希有な例として取り上げてきた。また、この章では、Fさんに自らの過去を語る際の逡巡がみられなかった理由に、共産党という自らの「戦災孤児」としての過去を聞き取り、またFさんの過去の経験語りを可能にするサポートグループの存在があったことにふれてきた。他方で、Fさんの「戦災孤児」としての自らの過去を語ることへの逡巡のなさは、この共産党というサポートグループの存在に加えて、自らが子どもを産めない身体になったこと、そして本来であれば自分の子どもに注いでいたところのエネルギーを反戦運動へと昇華できたことによって、自らの経験語りを積極的に反戦運動へと結び付けることができた結果だと解釈することも可能かもしれない。

一方で、その後の人生のなかで家屋の所有に大変な執着をみせたのがEさんである。Eさんが姫路の親戚宅で凄惨な生活を送ったあとに、「孤児だから」という理由でまともな職に就けない極貧生活をしばらく送るが、その後「親が姫路にいる」と偽って菓子屋に就職を決めたことは先にみてきたとおりである。その後、Eさんは結婚するが、そこで大変な執着心をもったのが、自分たちが住む家屋を所有することだったという。

そうした家屋を所有することへの執着を、Eさんは以下のように語る。

Eさん：やっぱりね、家がないからね、家に対してものすごく、あの、家がほしくてしょうがないんですよ。で、結婚したってね、私は何も持ってないし、自分の体の故障もあるしね。だから私と分相応の人と結婚して、貧乏人で、結婚式もない、あれもない、新婚旅行も何もないところから、貧しいところから出発していって。だから家がすごくほしかったの。それで、最初にマッチ箱みたいな家をね、建てたんですよ。それで、そこで三十年も生活したんですよね。

Eさんの貧困状態は結婚後もしばらく続くことになったが、結婚式も新婚旅行もなく、貧しい状態にあったときからEさんが何よりもいちばんこだわったのが自分たちの家屋の購入であり、とにかく「家がほしくてしょうがなかった」Eさんは、「マッチ箱みたいな」小さな家を購入し、そこに住み続けることになった。

また「戦災孤児」当事者たちには、自分の子どもの誕生を特別な思いで迎える人々が多い。前述のEさんは、子どもが生まれたあとに生じた自らの健康意識の変化を以下のように語る。

Eさん：子どもができてからですよ、子どもができて、それまではどうでもよかったの。いつ死んでもいいようなね。生きてることがね。

筆者：ほんと、そうですよね。

Eさん：それで、子どもができて、この子がもしね、親を亡くして、私と同じようになったら。

筆者：ほんとですね。

Ｅさん：うん、困ると。母親いちばん大事なんだから、困ると。それで、これは自分の体、丈夫にしなくちゃ、まず生きてなくちゃいけないんだと。親は死んじゃったらいけないんだと。ということから、もう自分の体質改善、すっごい、もう努力をして。栄養があるものとかね、規則正しく、もうね、あのころは、もう九時ごろ子どもと一緒に寝てたんですよ。とにかくね、疲れて疲れて。何かやっぱりね、体が弱かったんですよね。それで酢ね、黒酢をね、毎日飲んで。で、いろいろね、ニンニクだのね、そういうことを一生懸命ね、体質改善をやったんですよ。それで、あれですね、まあ、何ていうのかな、息子とね、娘はまあ、一応は元気で育って。それで私も、そうやって生きる望みができてきてね、生きなくちゃいけないと。

Ｅさんは、子どもが生まれてから、その子が「親を亡くして私と同じようにならないように」という一心で、それまで酷使してきた身体の体質改善に取り組んだ。Ｅさんが幼少時代の特に親戚宅での過酷な使役と凄惨な経験による無理がたたり、成長期の慢性的な栄養不足の影響もあって右目を失明したことは先にふれたが、子どもができたことは、いろいろな箇所がボロボロになり、いつ死んでもいいと思ってきた自分の身体を見直すきっかけになった。

また、自らが中断せざるをえなかった教育を子どもには受けさせてやりたいという強い願いがあったと語るのはＩさんである。Ｉさんは東京大空襲時の爆撃のなか、とっさに学校のプールに飛び込んで九死に一生を得るが、その際に親を失って「戦災孤児」になった。その後、遠縁の親戚宅で女中として働くも、当初は通えていた学校にだんだん通えなくなり、結局Iさんの教育歴はそこで断絶する。これも本章でもみてきたとおりである。

Iさんは、子どもの就学に関して以下のように語る。

Iさん：そうよねえ。自分は学校行けなかったから、子どもだけは学校出したいと思ってね。でも、うちの子どもたちの当時は、女の子は短大が流行っていうかね。みんな短大だったんですよね。だから二人とも短大しか行ってませんけどね。でもね、短大出すんだって、大変でしたよ。

Iさんは一九三三年生まれであり、終戦時に十二歳だった。Iさんは義務教育の途中で断絶せざるをえなかった自らの教育歴を回顧しながら、娘たちには何とか学校教育をと願い、苦労して娘二人を短大にまで出した経験を自らの家族形成のなかできわめて大きな出来事として語る。

5　その後の人生

以上、本章では「戦災孤児」当事者たちが、学校生活や進学、そして就業に際する「戦災孤児」であるために直面した困難をどのように語るのか。また、そうした「戦災孤児」であるための困難をめぐる語りが、彼ら／彼女たちのライフストーリーのなかでどのような位置を占めるのかを検討してきた。

本章では、まず「戦災孤児」当事者たちのなかに、親を亡くした時点で教育歴が断絶している人々が多いこと、またそのことを彼ら／彼女たちが強いコンプレックスを抱きながら語る場合が多いことをみてきた。学校に就学できた場合であっても、彼ら／彼女たちが親類などに教育の対象としてみなされることはまれであり、そこには学業についてのマイナスの期待、すなわちいい学業成績を修めることを望まれないケースが多いこともみてきた。また「戦災孤児」当事者たちの就業継続には、親戚宅での労働などとの両立に多くの困難が伴うこと、またその困難は特に義務教育後の進学の際に顕著に顕在化することもみてきた。

他方で、学校という場は親戚宅などと対照的に、「唯一の休息の場」として語られることも多い。また担任の教員が彼ら／彼女たちの「戦災孤児」としての境遇を知っている場合には、大変お世話になった、かけがえがない存在として語られる場合が多い。またそうした「お世話になった先生」をめぐる語りが、「戦災孤児」当事者のライフストーリーで大きな位置を占めることが多いことも検証してきた。

「戦災孤児」当事者たちは、就職でも大きな障壁を経験することも本章で明らかにしてきた点である。ある者は「孤児だから」という理由でまともな職にありつけず、またある者は「孤児だから」という理由で性被害と隣り合わせの環境での就業を余儀なくされる。また「戦災孤児」当事者たちには住む場所や帰る場所がないために、住み込みでの仕事を探すことが必須になるが、当時は高価だった布団が買えず、夜具持ち込み必須の寮付きの職からはじき出される経験をする者もいる。「戦災孤児」たちは、子どものころのあまりにも過酷な生活のなかで、その後の生活に大きな支障が出る病気に罹患する人々も多い。そうした過酷な生活のなかでFさんは子どもが産めない身体になり、Eさんは右目を失明し、Aさんは腸の病気でその後の人生に大きな影響が出た。またそうした病についての語りが、「戦災孤児」当事者のライフストーリーのなかで苦しかった自らの子ども時代の生活の象徴として、またその生活の過酷さの証左として語られるという特徴がそこには見いだされた。

さらに、「戦災孤児」たちのその後の生活については、自らの家族形成やそこに込められた意味でも特徴的な語りがみられた。Gさんは自らが「戦災孤児」だったために、自分の子どもをもたないという選択をした一方、Eさんはむしろ自分が「戦災孤児」だったために、家屋購入への強いこだわりをもち、また子どもができたあとには、子どもを親がない子にしないために自らの体質改善に労力を注ぐことになった。また「戦災孤児」として送った過酷な日々ゆえに子どもが産めない身体になったFさんは、子どもの養育に充てるはずだった労力を共産党での反戦運動に費やしていくことになった。

以上、本章では「戦災孤児」当事者のライフストーリーを、学校、就職、家族、そして病について検討してきたが、最後に彼ら／彼女たちのうち数人のその後の人生の一部を紹介して本章を閉じたい。

Gさんは、山形に学童疎開中に親を亡くしたのちに、里親宅での過酷な使役から逃げ出して上野で浮浪児になるが、その後、施設での生活を経て中国人が経営する中華料理屋に小僧として入り、中華料理屋を転々とするなかで腕を磨いた。結婚後に自分の中華料理屋を開業し、中華料理屋のおやじとして長い間多くの客に親しまれる存在になった。

Aさんは、三歳で「戦災孤児」になったあとに長い間親戚宅できわめて過酷な使役を受けるが、高校卒業後エリザベス・サンダース・ホーム（神奈川県大磯町にある混血児童専門の児童養護施設）で働くことを希望するも、高校の担任の先生に諭され平塚にあるデパートで働くことになる。その後、二十三歳で結婚し、専業主婦として長い間子どもの養育に専念する。子どもに手がかからなくなってからは、自らの学校時代の「恩返し」のつもりで学校給食職員として長く勤務した。

Jさんは、叔父にもらった一万円を握り締め、弟と妹とともに上野で浮浪生活を続けたあと、弟と妹を奉公に出し、自分も奉公人として働きに出る。その後、十二歳年上の男性と結婚し子どもを育てながら内職する生活を送った。

Dさんは、神戸空襲で親を亡くしたあとに、神戸と上野での浮浪生活を経て、長野にある児童施設で生活する。その後、鉄鋼所に勤務しながら定時制高校に通い、その後も苦労して夜間大学を卒業し、学校の教員になった。

Hさんは、愛児の家から紹介された十四、五カ所の仕事を転々としたあとにGHQの検閲部での仕事を与えられ、そこで手紙などの検閲の仕事をする。その後、鉄鋼所で働きながら多くの資格を取り、職場の女性と結婚して三児の父になった。

注

（1）戦後の児童福祉法下での里親制度の政策作成過程に関しては、松本園子「社会的養護の方法としての里親制度の検討（1）」（淑徳大学短期大学部紀要委員会編「淑徳短期大学研究紀要」第二十四号、淑徳大学短期大学部紀要委員会、一九八五年）および同「社会的養護の方法としての里親制度の検討（2）」（淑徳大学短期大学部紀要委員会編「淑徳短期大学研究紀要」第二十五号、淑徳大学短期大学部紀要委員会、一九八六年）などに詳しい。また戦後の里親制度の変容過程に関しては、田中友佳子「戦後里親制度草創期における里親養育の変容――秋田県里親会連合会の発足と活動に注目して」（社会事業史研究会編「社会事業史研究」第五十三号、社会事業史研究会、二〇一八年）を参照。

（2）感化院の教育の歴史については、二井仁美『留岡幸助と家庭学校――近代日本感化教育史序説 改訂普及版』（不二出版、二〇二〇年）に詳しい。孤児院での教育実践に関しては、前掲『石井十次と岡山孤児院』などに詳しい。

第6章 「戦災孤児」から「戦争孤児」へ
――カミングアウトと裁判

1 アイデンティティの承認をめぐる闘争

本書は、「戦災孤児」という社会的カテゴリーを付与された人々が自らのライフストーリーを産出すること／しないことをめぐる政治と、ライフストーリー産出を可能にするための「社会的条件(1)」を分析すること、そして、自らのライフストーリーについて語り始めた「戦災孤児」当事者たちが、それをどのようにして語るのかを検討すること、という二つの主題を掲げてきた。前者の主題は主に第1章と第3章で追いかけてきた課題であり、後者の主題は主に第4章と第5章で扱ってきた課題だった。本章では再度前者の問いに立ち返り、「戦災孤児」当事者たちのライフストーリーが紡ぎ出される「社会的条件」を分析の俎上に載せる。

本書では、特に第1章と第3章で、「戦災孤児」当事者には自らの過去を語ることができなかった「沈黙の半世紀」あるいは「沈黙の七十年」ともいうべき長い沈黙の時間が存在すること、またそうしたライフストーリーの不在や沈黙について、それが「暴力の結果」であるとするハンナ・アレントや山田富秋の議論を援用しながら、本書の研究視座を設定してきた。

本章では、この「沈黙の半世紀」「沈黙の七十年」ともいうべき時間を破って「戦災孤児」当事者たちが自らのライフストーリーを語り始める契機を検証していくが、その際にこの主題をアイデンティティの承認をめぐる闘争(2)という視座から論じていく。

本章で検討していくように、「戦災孤児」の人々による当事者語りは、戦後半世紀あるいは七十年後というタイミングでたまたま語られ始めたものではなく、「戦災孤児」当事者たちによる、運動や裁判などの場を通じた承認をめぐる闘争の軌跡と不可分なものとして結び付いている。その意味で、「戦災孤児」当事者のライフストーリーをめぐる語りの産出は政治的な闘争の産物という側面を多分に有している。そうした「戦災孤児」当事者たちの運動や裁判での闘争を取り上げるとともに、彼ら／彼女たちが自らのライフストーリーを語り始める軌跡を検討していきたい。

2　語りだすきっかけ

語りだすことへの障壁

「戦災孤児」当事者たちが自らの過去を語り始めることに際する障壁は、第1章と第3章でもふれた主題である。以下では、「戦災孤児」当事者が最初に自らの過去をカミングアウトし、ライフストーリーを紡ぎ出す際の困難についてふれておきたい。

本書の冒頭でも紹介した、「戦災孤児」当事者語りの先駆的主導者である金田茉莉は、筆者のインタビューに対し、当事者が自らの経験を語り始める際の様子とその困難さを以下のように語る。

金田：もうほんとにみなさんね、初めて話するときは、みんな泣き伏しますよ。もう初めて話しするんだって。それ、心のなかにずっと秘めてたわけでしょ、誰に言ってもわかんないと。だから、それでもね、心のなかにためてるわけですよ。それを吐き出すときに、思い出しちゃうのね。いままで封印してきたものをね。そうするとね、泣きながらね、話しするんですよね。やっと慣れてきて、いま、かなりね、いろんな人が話しするようになりましたけどね。

金田は「戦災孤児」当事者が最初に自らの過去を語る際に、長い間それを誰にも語らずに封印してきたために、またそれがきわめて凄惨でつらい過去だったために、そうした過去を思い出す際に泣き伏しながら語り始める人々が多いことに言及する。

前述のとおり、「戦災孤児」当事者語りの先駆的主導者である金田自身も自らの過去を黙して語ってこなかった時期が長く、金田が自らの過去をようやく語り始めるのは五十歳を過ぎてからである。第1章でも述べたとおり、金田は五十歳のころ胆嚢の重い疾患に悩まされ、死を覚悟する。その際に身辺整理のために、過去に書き溜めた日記を整理し、それを東京大空襲で亡くなった母に向けて『母にささげる鎮魂記』と題して自費出版する。その後、胆嚢の病気自体は九死に一生を得て治癒し、金田は不忘会や全国疎開学童連絡協議会などの学童疎開経験者が集う会に参加するとともに、自らの過去を言語化する活動を開始する。

金田はその後、戦争孤児の会という当事者会を創始し、この会はその後の「戦災孤児」たちの当事者語りの運動拠点になっていくが、金田がこの戦争孤児の会を立ち上げるきっかけになったのが、不忘会や全国疎開学童連絡協議会といった、学童疎開経験者たちが集まる会への参加だった。金田は、学童疎開経験者たちが集まる場で、戦災で孤児になった人々が驚くほど多いこと、また彼ら／彼女たちの経験が自らの経験ときわめて似ていることに気づいたのである。

「語りを可能にする社会的条件」としてのインフォーマルグループ

本書の調査対象者十人のうち七人は、金田が創始した戦争孤児の会との何らかの接点のもとに活動をしてきた人々である。次に、本書の調査対象者がこの戦争孤児の会と接点を有するに至った経緯について検討していきたい。

戦争孤児の会には、先にみた学童疎開経験者の集まりなどで金田と接点をもった人々もいるが、例えば三歳で「戦災孤児」になったために学童疎開経験がないAさんは、戦争孤児の会との最初の接点を以下のように語る。

Aさん：私なんかまだまったく蚊帳の外にいた、本当まだ金田さんの存在すら、さっきみたいに学童疎開とかそういうのではないですから、そういうところにもお声をかかってこなかったですし、私自身も無縁ですもん。

筆者：そうですよね。

Aさん：はい。それでまったく知らなかったときに、新聞か何かでそういうようなことをしている活動があるみたいなのが載ったことがきっかけで、そして金田さんっていう人を知ったように思います。

筆者：そうなんですね。ご自身から連絡を取られたとかっていうことですか。

Aさん：と思います。何かそういうことをしたようにも。（略）私が自分からそこに行って、私もこういう体験者ですけどって言って声をかけさせてもらって、それがきっかけで住所などを交換しあったことだったように思います。

筆者：なるほど。そこから活動が始まっていくという。

Aさん：そうそう。

Aさんは、戦争孤児の会の代表である金田が新聞に出ているのを見て、自分から直接連絡を取ったという。その後、Aさんは、自らの経験を語る活動を開始していくとともに、遺族会の活動にも関わりをもつようになる。その後、東京大空襲集団訴訟（二〇〇七―一三年）で原告になり、この裁判での原告としての活動が、Aさんが自らの「戦災孤児」としての過去の経験を公に語っていく大きな契機になった。その後、Aさんは、小学校での子ども向け講座など、各地で「戦災孤児」としての自らの経験を語る語り部としての仕事を多く引き受けるようになっていく。

残された時間

また「沈黙の半世紀」「沈黙の七十年」という長い沈黙の時間を経て、二〇一〇年代半ば以降「戦災孤児」としての自らの経験を語り始める人々が増加したことは先に述べたが、「戦災孤児」としての自らの過去を語り始める「社会的条件」として、戦争孤児の会などのインフォーマルグループの存在に加えて、「戦災孤児」当事者の高齢化に伴って彼ら／彼女たちに残された時間が少なくなってきたこと、そしてそれを彼ら／彼女たちが実感することが増えたことが挙げられるだろう。終戦時に多くは十歳前後だった彼ら／彼女たちは現在八十五歳を超えている場合が多く、亡くなる前に自分が長く秘してきた過去を語っておきたいという人々が増えていることが、近年の「戦災孤児」の当事者語り産出の一要因である。このことは、筆者自身が「戦災孤児」当事者たちのライフストーリーを聞き取るなかでも、常に調査対象者たちの様子から感じていたことでもある。

前述の戦争孤児の会の代表である金田茉莉は、晩年、それも自分が亡くなる前になって「戦災孤児」である自らの過去を語り始める人が多いことに言及するくだりのなかで、以前に経験したある人とのやりとりについて「何しろ晩年になって、心のなかのわだかまりを一気に吐き出すように、亡くなる直前に電話かかってきて。そいで長い電話かかってきましてね」と紹介しながら、なかでも特に印象に残っているYさんのケースを以下のように語る。

金田：ほんと、あのときの苦渋に満ちたYさんの顔ってね、ずーっと苦しみ続けていたんだろうなあと思いましたよ。それがガんで、自分が死ぬ前だったのね。だからテレビの出演承諾して。その前に言ってるんですよね。自分たちの体験を残しておかなくちゃいけないと。そういうことがあったっていうことを言わなければ、また同じことが繰り返されるから言わなくちゃいけないっていう、そういう意識はもってるんですよ。そうであるんだけど、言わなければいけない。けれど言えないと。もう苦しみ抜いて、死ぬ間際にそう言って。（略）だからこの本音を話しするっていうのは、すごい長い時間が必要なんだなあって、思ったんですよ。

Yさんは「自分たちの体験を残しておかなくちゃいけない」と長い間思いながらも、自らの体験を語ることに逡巡し、また苦しみ抜いていたと金田は語る。また、そのような状態だったYさんが自らの体験を語ることを決意して「戦災孤児」に関するテレビ番組への出演を承諾したのは、自分が末期のがんと宣告され、残りの時間が少ないと自覚したゆえのことだったという。

3　「戦災孤児」から「戦争孤児」へ

また、「沈黙の半世紀」「沈黙の七十年」を経て、人々が「戦災孤児」当事者としての自らの過去を公の場で語りだす大きな契機になるのが、二〇〇七年から一三年まで闘われた東京大空襲集団訴訟と、一五年の戦後七十年に関する様々な企画を通してである。この二つの出来事は、「戦災孤児」当事者たちが自分の過去を公の場でカミングアウトする機会になったことに加えて、それらが当事者たちの「戦争孤児」としての、いわば承認をめぐる闘争として展開された点に特徴があった。[3]

東京大空襲集団訴訟(二〇〇七―一三年)

東京大空襲集団訴訟は、戦後六十三年目にあたる二〇〇七年三月九日に東京大空襲被害者、遺族、孤児、障害者などの原告百三十一人が国を相手に起こした集団訴訟であり、この原告百三十一人中五十人が「戦災孤児」当事者で占められた。

この訴訟は、原告側が国に対して謝罪と総額十二億三千二百万円の損害賠償を請求した裁判であり、被告国の責任根拠として①外交保護義務違反(東京大空襲はアメリカによる無差別攻撃であり国際法違反だが、日本政府は対日平和条約によって空襲被害についての国際法上の外交保護権を放棄したことが「公権力の行使」にあたるとする訴え)、②不作為責任(空襲行為をもたらした政府の侵略戦争開始、戦争終結の遅延などの先行行為に関する条理上の義務違反)、③不合理な差別(戦後の戦争被害補償制度は一部の例外を除いて国は軍人・軍属だけを対象とし、民間人被害者を対象としてこなかったことは不合理な差別であり憲法十四条の平等原則に反する)の三点が挙げられた。[4]

特に二百三十万人余に上る軍人・軍属の戦没者に対しては二〇〇七年当時でも年間総額約一兆円の被害補償があるにもかかわらず、その約十一分の一にすぎない数の民間人空襲被害者(約二十万人、東京大空襲に限れば約十万人）に補償がないのは不合理な差別であるとする点が争われた。また同訴訟では、「戦時」に生じた空襲被害そのものに対して賠償を求めたものではなく、国が何らの救済措置も取らず原告らを放置しつづけたことによって「戦後」に生じた被害に対する賠償を求めた点も、この集団訴訟の特徴だった。

この東京大空襲訴訟の原告は三八パーセントが「戦災孤児」当事者で占められたが、この集団訴訟は「戦災孤児」当事者たちが自らの存在承認を求める闘争の場になったのと同時に、彼ら／彼女たちが自らの戦後の凄惨な経験を語り始める大きな契機にもなった。

なお、この東京大空襲訴訟が戦後六十三年もの時間を経過したあとに二〇〇七年（大阪大空襲訴訟は二〇〇八年）というタイミングで起こされた背景には、空襲被害への補償を求めた長い闘いの歴史があった。一九七三年以降、東京戦災遺族会や全国傷害者団体、そして全国の戦災遺族会が国への陳情をおこない空襲被害者援護法の制定を目指してきたが、五十回を超える陳情と十数回に及ぶ法案の廃案を経て、戦災当事者たちはこの二〇〇七年というタイミングで司法の場に訴えるしかすべがなくなったという経緯がその背景にはあった。

本書の調査対象者のなかにもこの東京大空襲集団訴訟の原告が多数含まれているが、なかでも原告として活発な運動を続けたのがＦさんである。Ｆさんは茨城に学童疎開中に東京大空襲で両親を亡くし、その後、兄と兄嫁宅で過酷な生活を強いられる。その後、「孤児だから」という理由でまともな職に就けず旅館で女中をしながら定時制高校を卒業するが、その苦労がたたって結核性腹膜炎になり、結果「子どもが産めない身体」になったことは前章で跡づけてきたとおりである。また

Ｆさんはその後、反戦運動に自らの労力を注ぎ込むとともに、共産党員としての活動に心血を注いでいくことになった。

Ｆさんはこの東京大空襲集団訴訟に対する自らの関わりについて、以下のように語る。

Ｆさん：裁判闘争、もうずいぶん前になるんですけれどもね。やっぱり、国がきちっと、自分のおこなった戦争責任の後始末を付けるっていうのが重要でね。私が一生懸命、平和平和っていうふうに語るっていうのは、二度と戦争を起こさないためになんだっていうふうな思いがあって。そして、やっぱり絶対に戦争が起きないような平和の礎を、やっぱりしっかり築いていかないと。

Ｆさんは東京大空襲集団訴訟に自らが力を注いだ理由を、二度と戦争を起こさないためであり、平和の礎を築くためであると語る。また、その背景には彼女の共産党員としての平和主義の思想がある。

また、この東京大空襲集団訴訟を契機に、自らの「戦災孤児」としての過去を語り始めたのがＡさんである。Ａさんは集団訴訟の原告にならない孤児たちが多いなかで、自らが原告になった理由を以下のように語る。

Ａさん：孤児として、巷に私たちと知り合ってる孤児であっても、裁判には加わってない人のほうがむしろ多いと思います。私たちが本当数少ない孤児として原告に加わったのは、三歳っていう年齢で、ほとんど自分にはあまり記憶が結局ないんですよ。本当にその空襲のすさまじさなんていうのは、ほとんど皆無ですからね。でもやっぱり親と別れて、一人で孤児となって生きていく道のりというのは、何歳から孤児としてスタートしていくかで、やっぱり違うと思うんです。幼児で孤児になった寂しさっていうのは、おそらく親の愛情を知らないから、寂しいんだろうと自分なりに認識はしてるんですけどね。だからそういう親のね、逆に言ったら無念さとか悔しさとかをつないでいかないとっていう変な責任感が、幼児だったんですけれども、その後の受けてきた環境から、親を何としてでも無駄死にはさしたくないと。それが強くて。私みたいなこんな小さな年齢だった子が原告に加わるっていうのは、本当に孤児ではいちばん若いと思いました。やっぱりそれだけは親を何としてもっていう気持ちを強くどこかにはもっていて、その結果だろうと思うんですね。（略）親の無念さを何とか晴らしてやるためには、私は代弁者になろうという部分がいちばん強かったと思います。そして、原告の百三十一名に加わったんです。

Aさんが三歳で「戦災孤児」になり、親戚宅をたらい回しにされたあとに伯母の家で使役されることになったこと、そこでの経験をAさんが凄惨な経験として語ったこと、そしてそこで生じた疾病の経験や被虐待経験、そして自殺の企図など、Aさんが三歳という幼少期に「戦災孤児」になったために被った経験についての語りを本書では跡づけてきた。Aさんにとってはこの三歳という幼少期に「戦災孤児」になったことが東京大空襲集団訴訟の原告になる大きな動機付けになった。そこには、Aさんの「親を何としてでも無駄死ににはさしたくない」という信念がAさんの闘争を支えていた。

Aさんにとって、この二〇〇七年から始まる東京大空襲訴訟で原告になったことが、自らが「戦災孤児」当事者であり、自らのライフストーリーを公の場で語る大きな契機になったことは前述のとおりだが、その経緯をAさんは以下のように語る。

筆者：自分が孤児だったってこと自体は、裁判の前から公表されてたんですか。

Aさん：いえ、それはね。多少は本当内々の会のなかでは、その枠のなかで、孤児を経験してきました程度のことで、外に向けられたのはやっぱり裁判をきっかけだったと思います。陳述なんかをしましたでしょ。そういうところにも陳述したら、記者会見出てくださいみたいに言われて、記者の質問やら、テレビなんかのマスコミに載ることもありましたし、そんなことがきっかけで外に知れ渡ったっていうんですかね。そんなふうになっていったと思います。

Aさんは、自らの「戦災孤児」としての過去の経験を公に語る運動実践が、特に裁判の陳述を契機としながら、陳述のあとに記者会見やマスコミからの取材を受けるなかでなされていったと語る。また、東京大空襲集団訴訟に原告として加わらなくとも、弁護士団への寄付などを通じてこの運動に参画してきた人々も多い。例えばJさんは、集団訴訟が終了して「戦災孤児」たちへの補償や承認を求める闘争が空襲被害者援護法の制定を求める立法の場に移った現在に至るまで、自分の少ない収入から定期的に寄付をしている。

Jさんはそのようにしておこなう寄付について、以下のように語る。

Jさん：これはね、全部寄付なんですよ。あの、東京の事務所宛ての。
筆者：ああ、そうですか。寄付されてるんですね。
Jさん：行くたんびにね、もう寄付。
筆者：そうなんですね。いやいやいや。かなりの額ですよね。
Jさん：でも、そんなにたくさんもできませんけどね。
筆者：いえいえ、とんでもないです。
Jさん：東京空襲の、あれですけどね。ええ。でもしないとね。動いてくださってるからね。

Jさんはインタビューのなかで前記のように語ると、これまでの寄付の明細書を見せてくれた。東京大空襲集団訴訟で原告になったのは百三十一人であり、うち「戦災孤児」当事者は五十人だが、原告としてではなくてもJさんのように寄付などで間接的に訴訟に参画する人も多い。

この東京大空襲集団訴訟は、二〇〇七年に訴訟が起こされたあと、〇九年十二月に東京地裁から第一審判決が出され、原告側に敗訴が言い渡される。その後、原告側は東京高裁に控訴したが一二年四月に敗訴が言い渡され、その後一三年五月に最高裁で上告が棄却される。空襲被害者の補償の問題は、同裁判内で「立法府での解決が望ましい」という判断が出されたこともあり、その後、国会での空襲被害者援護法制定を目指して闘争の場を政治の場へと移していく。

またその間、二〇一〇年八月十四日には空襲被害者全国集会が開催されるとともに、全国空襲被害者連絡協議会（共同代表：早乙女勝元、中山武敏弁護士ほか）が結成され、一一年八月には「空襲被害者等援護法（仮称）を実現する議員連盟」（会長：首藤信彦衆議院議員〔当時〕）が成立した。また一五年八月六日には「空襲被害者等の補償問題について立法措置による解決を考える議員連盟」（会長：鳩山邦夫衆議院議員〔当時〕）が設立されるとともに、空襲被害者救済のための立法措置案が練られていく。ただし、現在まで空襲被害者のための立法措置は実現に至っておらず、「戦災孤児」当事者や遺族、障害者などの空襲被害者たちの闘いは、当事者たちの高齢化が顕著になるなかで、いまだに続いている。

戦後七十年

また、この東京大空襲集団訴訟以後の時期に、「戦災孤児」当事者たちが自らのライフストーリーを語りだす大きな契機になった出来事に、戦後七十年という節目がある。戦後七十年企画として「戦災孤児」をテーマに放送された主要なテレビ番組には、二〇一五年三月二十三日に放送されたNNNドキュメント『戦争孤児たちの遺言――地獄を生きた七十年』（日本テレビ系）や、一八年八月十二日にNHK特集として放送された『〝駅の子〟の闘い――語り始めた戦争孤児』などがあるが、テレビ媒体にかぎらず戦後七十年をめぐっては多くの特集や企画が組まれ、その一部に「戦災孤児」たちの生活が取り上げられることになった。

戦後七十年を機に「戦災孤児」当事者の存在がこうして大きくクローズアップされるなかで、初めて自分のライフストーリーを語り始めたのが、本書の調査対象者のなかではGさんとHさんである。特にHさんはそれまで周囲の人々に自らが「戦災孤児」として幼少期を過ごしたことを秘してきていて、また戦争孤児の会などのサポートグループに所属経験がなく、この戦後七十年というタイミングが自らの経験を公に語る初めての機会になった。

Hさんは自らの経験を戦後七十年というタイミングで語ることになったときについて以下のように語る。

筆者：ご自身の例えば浮浪体験とかって、奥さまとかに話さない方もかなり多いですよね。子どもに話しても話が伝わんないっていうふうに思われる方多かったりするんですけど、Hさんご自身は、自分の戦後体験ってご家族に話されたりとかってことはあったりはしたんですかね。
Hさん：前はべつに話をする必要もないし、息子が中学時代のときに悪さしてても、〔自分は浮浪児時代さんざん悪さをしてきたので：引用者注〕やることはわかってるから、先手先手打てるけど。おまえらのやってることは親に隠れてもやってても、先手先手打てるもんやからわかるんやと。だけども、私自体が「戦災孤児」だったいうことは言うてなかったけども。もう七十年なってから、あっちからこっちから〔取材が：引用者注〕くるもんやから〔公に話すようになった：引用者注〕。

Hさんは戦後七十年というタイミングで自らの経験を公に語るようになったことを、「七十年なってから、あっちからこっちからくるもんやから」という言葉で表現する。戦後七十年の様々な企画のなかで、「戦災孤児」当事者たちは公に自らのライフストーリーを語ることを要請されるようになっていくが、そうした潮流は自分の過去をこれまで語ってこなかったHさんにも、このようにして及んでいくことになった。

「戦争孤児」という名称での自己の再定義

また、こうした戦争孤児の会をはじめとするサポートグループの活動や東京大空襲集団訴訟、そして戦後七十年を境とするマスメディアでの「戦災孤児」企画など、「戦災孤児」当事者による承認をめぐる闘争で特徴的なのは、彼ら／彼女たちが自らを「戦災孤児」ではなく、「戦争孤児」という名称で表現するようになった点にある。

本書では、ここまで彼ら／彼女たちのことを「戦災孤児」という言葉で表現してきたが、この名称は元来は戦後の児童福祉関係者などの専門家によって頻繁に使われた名称であり、当事者たちはその「戦災孤児」というカテゴリーに帰属させられることによって、数々のスティグマを付与されてきた過去がある。そのために、彼ら／彼女たちは、自らが戦争によって親を亡くした孤児であることをカミングアウトし、当事者語りを開始し、承認をめぐる闘争を繰り広げる際に、「戦災孤児」というスティグマ化された名称を回避しながら、戦争の犠牲者としての「戦争孤児」という名称を用いて自己を再定義し、自らの活動を推し進めるという自己提示戦略を採ることになった。

4 信念

では、戦争孤児の会の立ち上げや活動の拡大、東京大空襲集団訴訟、そして戦後七十年企画での「戦争孤児」としてのカミングアウトと当事者語りなど、「戦争孤児」当事者たちの闘争を支えた信念とはどのようなものだったのか。

Eさんは戦争孤児の会に関わり、東京大空襲集団訴訟でも大きな役割を果たし、またマスメディアでの戦後七十年企画の際にも積極的に発言をしてきたが、Eさんはそうした闘争を支える信念を以下のように語る。

Eさん：浮浪児の汚名着せられたままでね、それが私が非常に悔しいんですよ。その「戦争孤児」が浮浪児っていう汚名着せられて、ごみのように扱われてきたっていうことがものすごく、汚名を着せられたまんまにされて死んでいってる。それも、学歴もない、お金もない、親兄弟もいない。そこで一人で生きていかなくちゃいけないんですよね。それで就職は、親がないって断られる。家はないし。（略）だからその闇に葬られてきた人たちのことを取り上げていかないと、浮かばれない。浮浪児が浮かばれない。親たちだって浮かばれないでしょうね。

Eさんは自らの「戦争孤児」の承認をめぐる闘争を支えている信念を語るなかで、「戦争孤児」のなかでも、特にスティグマの付与が顕著だった浮浪児の存在を取り上げ、彼ら／彼女たちが「ごみのように扱われ」、そして「汚名を着せられたまんまにされて死んでいってる」ことにふれながら、「戦争孤児」の社会的認知を広めることが死んでいった孤児や親たちの成仏につながると語る。

またFさんは、多くの「戦争孤児」たちが自らの過去を語るのに逡巡するなかで、本書の調査対象者のなかでは唯一自らのライフストーリーを語ることにためらいはなく、平和運動を共産党員としての自らの活動の根幹とし、語り部となって自らの過去を語ってきた。またFさんは戦争孤児の会に関わり東京大空襲集団訴訟にも原告の一人として名を連ねるとともに、戦後七十年企画の際にも様々な媒体で経験を語ってきた。

Fさんは、そうした活動の信念を以下のように語る。

Fさん：私は逆に、平和のために自分のことをしゃべろうっていう、だから逆なんですよ。もう二度と戦争起こしちゃだめよ、それはね、私自身がこうなのよって、弟と二人で孤児になってどんなに大変な目にあってきたかね。そういうことでいえば、もう誰にでもしゃべるわけですよ。うん。「戦争孤児」なのよっていうふうに。普通のこととして、平和を語るときに自分のことをまず語るっていう、そういうことで、隠すことは一つもないんですよね。

Fさんの活動の根幹には自らの「戦争孤児」としての凄惨な経験と、自分の身に染み付いている戦争の悲惨さに対する認識があり、そこから導き出される平和の尊さへの思いや平和主義こそが彼女の活動の中核にはある。

また、Aさんは三歳で「戦争孤児」になるが、幼少時に「戦争孤児」になったことが自らの活動の大きな原動力になっていたことは先に述べたとおりである。Aさんは東京大空襲集団訴訟でも原告の一人として活動し、裁判が二〇一三年に敗訴して空襲被害者への援護をめぐる運動が立法府へと闘争の場を移動させたのちも、空襲被害者援護法制定のために大きな役割を果たしている。

Aさんは、そのようにして「戦争孤児」の承認をめぐる闘争に自らの力を投下する背後にある信念を以下のように語る。

Aさん：私なんか親の死を無駄にしたくないっていうのが、まず第一でしたね。無駄死にさせられているっていうことが、どうしても気に入らないと。それではあまりにかわいそうすぎると。そしてやっぱり空襲被害者の活動に入って、ちょっといろんなこと見聞きしているうちに、軍人や軍属の人たちっていうのは手厚い補償がすでに続いていたわけですよ。それはやっぱり不公平なことですよねっていうことに気づきました。（略）孤児ということもあって、いじめられる体験してきてるわけでね。だからこういうときに、本当に孤児に少しでも国が援助や補償でもしてくれていたら、預かった側の親戚もストレスをこんなに溜めないで、私たちにも少し優しく温かい気持ちで接してもらえたんじゃないだろうかって。そんなこともやっぱりいろいろ気づき始めたんです。だって国は責任があるのは、戦争責任は明白じゃないですか。それなのにもかかわらず、軍人軍属には手厚いことをいまも続けてるわけですもんね。

Aさんは、自らの活動の信念を「親の死を無駄にしたくない」という言葉で語る。東京大空襲時に三歳だったAさんには、両親の記憶が多くあるわけではない。叔母から贈られた一枚の家族写真が、両親と自分がともに写っている唯一の記録である。そんなかでAさんは、自らのルーツと親たちの情報を伝聞で折にふれて集めてきた。Aさんが「親の死を無駄にしたくない」という活動の信念を語るときには、三歳で「戦争孤児」になったAさんなりの特別な思いがあるのだろう。

5　ライフストーリー産出をめぐる政治と闘争

以上、本章では「戦災孤児」という社会的カテゴリーを付与された人々が自らのライフストーリーを産出すること／しないことをめぐる力学と、ライフストーリー産出を可能にするための「社会的条件」を検証してきた。その際に、そうした「社会的条件」の形成を「戦争孤児」たちの承認をめぐる政治という枠組みを通して跡づけてきた。そこでは、東京大空襲集団訴訟と戦後七十年という二つの出来事が、「戦争孤児」当事者たちが自らのライフストーリーを語り始める際の大きな契機になったことをみてきた。

また本章で扱ったアイデンティティの承認をめぐる政治と闘争のなかで生じた重要な変化は、当事者たちがそれまで多く使用された「戦災孤児」という名称を回避し、「戦争孤児」という名称で自らの存在を定義していった点にある。当事者たちは「戦災孤児」というスティグマ化された名称の使用を避けるとともに、「戦争孤児」という名称を運動で採用しながら、自らを再定義していくことになった。

注

（1）前掲『セクシュアル・ストーリーの時代』を参照。
（2）前掲『承認をめぐる闘争』
（3）同書
（4）内藤光博「空襲被災と憲法的補償——東京大空襲訴訟における被災者救済の憲法論」（専修大学法学会編「専修法学論集」第百六号、専修大学法学会、二〇〇九年）などを参照。

終章　沈黙と語りの歴史社会学

1　社会的カテゴリーとしての「戦災孤児」「戦争孤児」

本書の課題は、大きく分けて二つあった。一つ目の課題は、「戦災孤児」という社会的カテゴリーを付与された人々が自らの語りを産出すること／しないことをめぐる政治と「語りを可能にするための社会的条件(1)」をライフストーリー論の視座から分析することであり、この課題は主に第1章と第3章および第6章で扱ってきた。二つ目の課題は、自らのライフストーリーを語り始めた「戦争孤児」当事者たちが、ライフストーリーをどのようにして形成するのか／しないのか、という語り手の自己提示の仕方を検討することであり、この課題は主に第4章と第5章で扱ってきた。また、あわせて第2章では、メディアで「戦災孤児」「戦争孤児」たちの何がどのように表象され、何が表象されてこなかったのかを検討した。
「戦災孤児」当事者たちが、自らが「戦災孤児」だったことを、場合によっては配偶者に対しても一切語らず、墓場までもっていくケースが多いことに本書では注視してきた。「戦争孤児」当事者たちには「沈黙の半世紀」「沈黙の七十年」ともいうべき長い沈黙の時間が存在すること。またそうした長い沈黙の時間が存在するのは、そこに語り／沈黙をめぐる暴力が作用した結果であることは本書の冒頭でも論じた主題だった。そうした長い沈黙の背後には、自らが「戦災孤児」だと語ることで惹起される、偏見や差別のまなざしがあった。

こうした「沈黙の半世紀」「沈黙の七十年」という長い沈黙をはじめ、「戦災孤児」という社会的カテゴリーを付与されたために生じる差別や凄惨な経験をめぐる語りを読み解く際に、本書ではゴッフマンのスティグマ論に背景理論の多くを負ってきた。「戦災孤児」当事者は、自らのスティグマが可視的ではない「信頼を失う事情のある者」(2)であり、そのかぎりで彼ら／彼女たちは「戦災孤児」である自らの情報を管理／操作する必要性に迫られる。「戦災孤児」たちの長い沈黙やライフストーリーの不在は、こうした自らの情報の管理／操作の結果だと解釈できる。この「戦災孤児」であるための自らの過去の語れなさに関しては、特に第3章で検討してきた。

また本書では、「戦災孤児」という社会的カテゴリーにこれほどまでに過酷なスティグマが付与されることを説明する際に、子ども史・子ども社会学の孤児研究の知見を援用してきた。リディア・マードックらが明らかにしてきたところによれば、「孤児」という社会的カテゴリーに特別な意味が付与されていくのは近代社会の特徴であり、それはイギリスでは十九世紀前半以降に、日本では十九世紀後半（明治初期から中期）以降に生じた歴史的産物である。[3]また、近代家族規範が流布していくのと同時期に、「孤児」というカテゴリーは近代家族のいわばネガとして強調されたものであることも説明をまたない。本書の試みは、「孤児」という社会的カテゴリーが付与されるために生じる差別の構造を当事者の語りから照射していく作業でもあった。

「孤児だから」「親がいないから」という理由で生じる凄惨なスティグマ経験については、本書の特に第4章と第5章で扱ってきた。第4章では、「戦災孤児」当事者による浮浪生活や施設生活、そして里親宅や親戚宅などの他家での生活をめぐる語りを検討した。浮浪生活や施設生活での経験が「凄惨な経験」としても「まだましなもの」としても、またそれが施設生活に関する語りである場合には、「自分の居場所」であり「自分の帰属先」としても語られるという語りのバリエーションがみられた一方で、里親宅や親戚宅などの他家での生活は、総じて「凄惨な経験」として語られるという特徴があった。「戦災孤児」という社会的カテゴリーを付与されたために生じる差別や虐待は、ほかならぬ里親宅や親戚宅などの他家での生活で生じやすいこと、また、そうした経験は、特にいとこなどの親戚が存命である場合には特に語られにくいことも本書で明らかにしてきた。従来の「戦災孤児」研究は、主に浮浪児や施設児童に焦点を当てることが多かったが、本書で得られた知見は、今後の「戦災孤児」研究を彼ら／彼女たちの他家での生活に焦点化する必要性を喚起している。

また第5章では、「戦災孤児」という社会的カテゴリーを付与されたために生じたスティグマ経験をめぐる語りのなかでも、学校生活と就職に関する主題を扱ってきた。「戦災孤児」当事者のなかには、戦災で親を亡くした時点で教育歴が断絶している人々が多数いること、また就学を継続できた場合にも「戦災孤児」であるために多くの困難があることも第5章で跡づけてきた。就業でもまともな仕事は「孤児だから」という理由で不採用になる場合が多く、就業継続にも多くの困難があることもこの章でみてきた。

2　承認をめぐる闘争とループ効果

また、「戦災孤児」から「戦争孤児」へという自らに付与されたカテゴリーの名称の変更や自己の再定義過程に関する検討も本書の主題の一つだった。同主題は主に第6章で扱った。「戦災孤児」たちが自らのライフストーリーを語りだす背景には、戦争孤児の会などのサポートグループの形成や、東京大空襲集団訴訟に代表される承認をめぐる闘争があったこと、またそうした闘争の軌跡のなかで、当事者たちは「戦災孤児」というスティグマ化された社会的カテゴリー自体を自ら作り替えていったことをみてきた。

こうした付与された社会的カテゴリーをめぐる社会実践のなかでの当事者によるカテゴリーの作り替え過程に関しては、イアン・ハッキングのループ効果に関する議論が参考になる。ハッキングは、自らの研究視角を説明するくだりのなかで「女性難民」というカテゴリーに分類された人々を例に挙げながら、「社会的に構築されているのは「女性難民」という社会的カテゴリーであり、そうした分類法の存在が、自分が女性難民という「ある種の人間（a kind of human）」であることを学び、その種にふさわしいように行為するようになる」[4]と論じている。また続けてハッキングは、「分類方法が分類される側の人々に影響を与えると同時に、その逆の事態も起こしている」[5]と論じ、そうした社会的カテゴリーの付与とそれをめぐる社会実践とが相互作用するあり方を「ループ効果」と呼んだ。「戦災孤児」から「戦争孤児」という彼ら／彼女たちに付与された名称の変更過程も、このループ効果の一例として読み解くことが可能だろう。

「戦災孤児」当事者たちは、長い沈黙のあとに、自らを名指す名称を「戦災孤児」から「戦争孤児」へと変更させながら、「汚名を着せられた」自らのアイデンティティの承認を求めて、自らの経験を「語る」という自己提示戦略を選択することになった。「戦災孤児」当事者の語りが「つくられ聞かれることを容易にする社会的歴史的条件」としては、「戦災孤児」という社会から押し付けられスティグマ化されたカテゴリーを当事者自らが改変し、「戦争孤児」という新たな名称を作り上げながら自らの存在の承認をめぐる闘争をおこなうという、カテゴリーの作り替えともいうべき軌跡を経ることが必須の条件だった、ということもできるかもしれない。

3　戦争社会学との接点

また、以上の「戦争孤児」たちの当事者語り運動や承認をめぐる闘争が、「沈黙の半世紀」あるいは「沈黙の七十年」を経たタイミングで生じたのはなぜかを解釈していくには、戦争社会学で得られた知見を参照する必要があるだろう。本書は第1章で成田龍一による戦争経験の語りをめぐる分類、すなわち①「状況」として語られた時期（一九三一年ごろ—四五年）、②「体験」として戦争を語る時期（一九四五年から六五年ごろまで）、③「証言」として戦争が語られる時期（一九六五年から九〇年ごろまで）、そして④「記憶」が語られる時期（一九九〇年代以降現在）の四つの時期区分を紹介したうえで、二〇一〇年代半ば以降に生じた「戦災孤児」たちの語りのメディア表象を第四期の最晩期に位置付けられる現象として解釈してきた。

戦後日本社会の「戦争経験」語りは、前記のように時期区分できるものの、そこにはいずれの時期にも何らかのかたちで戦争を経験した戦争当事者たちが存在した。ところが、第四期である「記憶」として語られる時期の最晩期に該当する二〇一〇年代半ば以降を取り巻く状況のなかで特徴的なのは、「戦争経験」を語ることができる人々の数の減少であり、「戦争経験」語り自体がメディア空間のなかで成立しなくなる時代を目前に控えているという状況である。一〇年代半ば以降、戦後七十年を契機に「戦争孤児」当事者たちがメディア空間のなかで大きく取り上げられる台座が整えられた背景には、こうした「戦争経験」語りをなしうる人々の極端な減少という事態があったことは否めない。その意味で、戦後七十年を機に「戦争孤児」が各種のメディアを通じて表象されることができたのは、こうした戦争経験者の減少と「戦争孤児」たちの当事者語り運動や立法府を通じた承認をめぐる闘争など、メディア側と「戦争孤児」当事者側の利害が合致した結果であると解釈することもできる。

4 「語りの不在」自体を問題にする視座

次に、本書で得られた知見をより広い社会の文脈に位置付けておきたい。本書は「戦争孤児」当事者による「沈黙の半世紀」「沈黙の七十年」を経たあとのライフストーリーの語られ方を検討し、またそうした沈黙や語りの不在自体を「沈黙は暴力の結果である」とするアレントや山田の視座を援用しながら検討してきた。「戦争孤児」当事者たちの場合、彼ら／彼女たちの長い沈黙のあとに戦争孤児の会に代表されるサポートグループが組織され、東京・大阪大空襲に関する裁判を大きなきっかけとして多くの当事者たちが自らの過去を語り始めるとともに、「戦後七十年」という節目のメディアイベントを契機に「戦争孤児」自体の存在が社会に広く知られるに至った。かつて沈黙を強いられた人々がある経路をたどりながら、また承認をめぐる闘争ともいうべき社会運動を経て語りの市民権を得ていくこうしたプロセスは、本書で扱った「戦争孤児」の事例に限られる主題ではない。例えば、かつての障害者運動や部落解放運動、ＬＧＢＴＱの権利運動や病の当事者運動、レイプサバイバーの運動など、かつて沈黙を余儀なくされた人々がどのような経路をたどり、またサポートグループや裁判などとのどのような関係下に、自らの経験を曲がりなりにも語るための社会的条件を整えていったのか（もしくは、逆にどのように沈黙を強いられるようになったのか）という主題を、本書で扱った「戦争孤児」当事者たちの活動軌跡とも照らし合わせながら検討していく作業も重要だろう。

本書の知見は、「語りの不在」自体を問題にしている点で、ほかのスティグマ化された社会的カテゴリーへの帰属を余儀なくされた人々の活動や生活のあり方を見つめる視座に対しても示唆に富むものであるはずだ。また、本書で扱った「戦争孤児」の人々の活動は長い沈黙の末にようやく社会的認知を獲得しはじめているが、承認をめぐる闘争の多くはそうした社会的認知を獲得するに至らない場合も多い。本書の視座は、いまだに社会的に認知を得ていない人々の運動やその「語りの不在」自体を問題化する際にも重要であるはずだ。

5　戦争の記録、記憶、語りの継承

本書で扱った主題や研究視座は、戦争の記録や記憶の残し方、そして語りの継承自体に対する議論とも地続きの関係にあるだろう。「戦争孤児」当事者のライフストーリーの不在や沈黙と、彼ら／彼女たちのライフストーリーが産出されるための「社会的条件」を分析してきたが、そこから見えてくるのは「戦争の語り」を構成するための必要要件という主題でもあった。「戦争孤児」当事者語りの先駆者である金田茉莉によれば、「戦争孤児」をめぐる問題がこれほどまでに長い間社会的認知を得られなかった理由の一つには、「戦争孤児」当事者たちに付与されたスティグマや彼ら／彼女たちの沈黙に加えて、「戦争孤児」たちの多くに空襲の直接的な経験がないことが挙げられるという。「戦争孤児」たちは戦災時に学童疎開や縁故疎開で都市部から離れた場所で生活していたことが多く、空襲経験を有する人々は多くはない。

「戦争孤児」たちの語りが戦争経験の語りのなかで周辺化されてきた背景には、従来は市井の人々の戦争経験が問題になる際には、特に空襲経験をめぐる語りに特化して戦争経験が表出されてきたことと深い関係がある。そして空襲経験がない場合が多い「戦争孤児」たちの生活経験は、戦争についての語りの場では周辺化されざるをえなかった。本書で扱った主題や研究視座は、戦争の記憶を紡ぎ出す際に「周辺的な位置付けをされた人々」の声をどのように汲み取れるかをめぐる論点とも通底するだろう。またそうした試みを、近い将来に到来する「ポスト戦争体験者」時代の戦争語りの継承のあり方も見据えながら探っていく必要があるだろう(6)。

6　東日本大震災の経験、子どもたちの脱スティグマ化のために

また本書の知見は、「親がいない」子どもたちや「親と一緒に暮らすことができない」子どもたちの脱スティグマ化に向けた施策にも大いに示唆を与えるものだろう。本書では、戦災で親を亡くした孤児たちが社会的信用の失墜やマイナスの期待など、「孤児だから」経験することになった多くの困難を分析してきた。そうした状況下である者は身に覚えがない窃盗を疑われ、ある者は進学や就職を断られ、また女性である場合にはレイプなどの性被害と隣り合わせの生活を余儀なくされ

る場合も少なくない。

こうした子どもの社会的信用の失墜やマイナスの期待に起因する身に覚えがない窃盗の疑いなどは、「戦争孤児」に固有の過去の物語では決してない。例えば、田中理絵は児童養護施設の入園児や卒園児の聞き取り調査のなかで、子どもの社会的信用の失墜やマイナスの期待に起因する差別が多いことを指摘している。(7)児童養護施設で生活する子どもたちにかぎらず、貧困や非行などが原因で社会のなかで周辺化された子どもたちは、社会的信用の失墜やマイナスの期待を特に受けやすい立場に置かれる。本書の知見は、そうした子どもたちの脱スティグマ化の施策を練る際にも重要だろう。

また戦災にかぎらず、震災などの大規模災害の際には、親を亡くし孤児になる子どもたちが多数いる。阪神・淡路大震災（一九九五年）の際も多数の子どもたちが震災孤児となった。また東日本大震災（二〇一一年）の際には震災孤児・遺児合わせて千七百余人、震災孤児だけでも二百四十三人発生した。特に東日本大震災の際には多くの支援者が現地に入って、震災孤児・震災遺児に対する心のケアを含めた様々な支援を施した。そうした孤児や遺児たちの支援や脱スティグマ化のための施策を練る際には、本書で得られた知見が参考になる場面も多いだろう。また本書を含めて、過去の事例と起こりうるスティグマや差別についての知見を蓄積する作業は、今後生じうる大規模災害での災害遺児・孤児の脱スティグマ化の施策を練り、支援のノウハウを蓄積する際には欠かせない作業であるはずである。

注

(1) 前掲『セクシュアル・ストーリーの時代』を参照。
(2) 前掲『スティグマの社会学』を参照。
(3) Murdoch, *op.cit.*、および前掲『近代日本の福祉実践と国民統合』を参照。
(4) 前掲『何が社会的に構成されるのか』七三ページを参照。
(5) 同書七四ページを参照。
(6) このポスト戦争体験者時代での戦争の継承実践をめぐっては、戦後七十五年にあたる二〇二〇年にいくつかの重要な書籍が刊行された。その代表的なものに、水島久光『戦争をいかに語り継ぐか――「映像」と「証言」から考える戦後史』(〔NHKブックス〕、NHK出版、二〇二〇年)、蘭信三/小倉康嗣/今野日出晴編『なぜ戦争体験を継承するのか――ポスト体験時代の歴史実践』(みずき書林、二〇二一年)などがある。
(7) 前掲『家族崩壊と子どものスティグマ』を参照。

参考文献

蘭信三／小倉康嗣／今野日出晴編『なぜ戦争体験を継承するのか——ポスト体験時代の歴史実践』みずき書林、二〇二一年

朝日新聞社『戦争と庶民——1940-49 ④進駐軍と浮浪児』（朝日歴史写真ライブラリー）、朝日新聞社、一九九五年

浅井春夫／川満彰編『戦争孤児たちの戦後史1——総論編』吉川弘文館、二〇二〇年

浅井春夫／水野喜代志編『戦争孤児たちの戦後史3——東日本・満州編』吉川弘文館、二〇二一年

浅井春夫／艮香織／酒本知美編集・解説『戦争孤児関係資料集成 第I期 愛児の家史料』全五巻、不二出版、二〇二〇—二一年

Axel Honneth, *Kampf um Anerkennung: Zur moralischen Grammatik sozialer Konflikte*, Suhrkamp Verlag, 1992.（アクセル・ホネット『承認をめぐる闘争——社会的コンフリクトの道徳的文法』山本啓／直江清隆訳〔叢書・ウニベルシタス〕、法政大学出版局、二〇〇三年）

David R. Maines, "Narrative's Moment and Sociology's Phenomena: Toward a Narrative Sociology," *The Sociological Quarterly*, 34(1), 1993, pp. 17-38.

Erving Goffman, *Stigma: Notes on the Management of Spoiled Identity*, Englewood Cliffs, 1963.（アーヴィング・ゴッフマン『スティグマの社会学——烙印を押されたアイデンティティ 改訂版』石黒毅訳、せりか書房、二〇〇一年）

藤井常文、倉重裕子訳『キャロル活動報告書と児童相談所改革——児童福祉司はなぜソーシャルワークから取り残されたか』明石書店、二〇一〇年

藤野豊『戦後日本の人身売買』大月書店、二〇一二年

藤野豊編『編集復刻版 戦後初期人身売買／子ども労働問題資料集成』第一巻—第四巻、六花出版、二〇一三年

藤野豊編『編集復刻版 戦後初期人身売買／子ども労働問題資料集成』第五巻—第七巻、六花出版、二〇一四年

福間良明『「聖戦」の残像――知とメディアの歴史社会学』人文書院、二〇一五年
萩野半麓『浮浪児とともに』岡山県社会事業協会、一九四九年
逸見勝亮「第二次世界大戦後の日本における浮浪児・戦争孤児の歴史」、教育史学会機関誌編集委員会編「日本の教育史学――教育史学会紀要」第三十七集、教育史学会、一九九四年、九九―一一五ページ
逸見勝亮『学童集団疎開史――子どもたちの戦闘配置』大月書店、一九九八年
逸見勝亮「敗戦直後の日本における浮浪児・戦争孤児の歴史」「北海道大学大学院教育学研究院紀要」第百三号、北海道大学大学院教育学研究院、二〇〇七年、一一―五三ページ
逸見勝亮「NHK連続放送劇「鐘の鳴る丘」の一過性打破と視覚化――放送脚本刊行・舞台上演・映画を中心として」北海道大学教育学部教育史・比較研究グループ編「教育史・比較教育論考」第二十一号、北海道大学大学院教育学研究院教育史・比較研究グループ、二〇一七年、一―五ページ
平井美津子／本庄豊編『戦争孤児たちの戦後史2――西日本編』吉川弘文館、二〇二〇年
本庄豊編『戦災孤児――駅の子たちの戦後史』(「シリーズ戦争孤児」第一巻)、汐文社、二〇一四年
本庄豊『戦争孤児――「駅の子」たちの思い』新日本出版社、二〇一六年
星野光世『もしも魔法が使えたら――戦争孤児11人の記憶』講談社、二〇一七年
細井勇『石井十次と岡山孤児院――近代日本と慈善事業』(MINERVA社会福祉叢書)、ミネルヴァ書房、二〇〇九年
Ian Hacking, *Rewriting the Soul: Multiple Personality and the Sciences of Memory*, Princeton University Press, 1995.(イアン・ハッキング『記憶を書きかえる――多重人格と心のメカニズム』北沢格訳、早川書房、一九九八年)
Ian Hacking, *The Social Construction of What?*, Harvard University Press, 2000.(イアン・ハッキング『何が社会的に構成されるのか』出口康夫／久米暁訳、岩波書店、二〇〇六年)
石原剛志編『編集復刻版 戦後初期人身売買／子ども労働問題資料集成』第八巻―第十巻、六花出版、二〇一四年
石井光太『浮浪児1945――戦争が生んだ子供たち』新潮社、二〇一四年
岩永公成「児童相談所の組織構成の成立過程――三部制の導入をめぐって」、法政大学大原社会問題研究所編「大原社会問題研究所雑誌」二〇〇六年八月号、法政大学大原社会問題研究所

Jaber F. Gubrium and James A. Holstein, “Narrative Practice and the Coherence of Personal Stories,” *The Sociological Quarterly*, 39(1), 1998, pp. 163-187.

児童福祉法研究会編『児童福祉法成立資料集成』上・下、ドメス出版、一九七八・七九年

金田茉莉『母にささげる鎮魂記』草の根出版会、一九八六年

金田茉莉子『夜空のお星さま』ＹＣＣ出版部、一九九〇年

金田茉莉『東京大空襲と戦争孤児——隠蔽された真実を追って』影書房、二〇〇二年

金田茉莉、浅見洋子監修『終わりなき悲しみ——戦争孤児と震災被害者の類似性』コールサック社、二〇一三年

金田茉莉『かくされてきた戦争孤児』講談社、二〇二〇年

Ken Plummer, *Telling Sexual Stories: Power, Change and Social Worlds*, Routledge, 1995.（ケン・プラマー『セクシュアル・ストーリーの時代——語りのポリティクス』桜井厚／好井裕明／小林多寿子訳、新曜社、一九九八年）

木下衆『家族はなぜ介護してしまうのか——認知症の社会学』世界思想社、二〇一九年

岸政彦『マンゴーと手榴弾——生活史の理論』（けいそうブックス）、勁草書房、二〇一八年

北河賢三「戦後日本の戦争孤児と浮浪児」、民衆史研究会編「民衆史研究」第七十一号、民衆史研究会、二〇〇六年、二七—四三ページ

厚生省児童局『全国孤児一斉調査』厚生省児童局、一九四八年

Lydia Murdoch, *Imagined Orphans: Poor Families, Child Welfare, and Contested Citizenship in London*, Rutgers University Press, 2006.

松本園子「社会的養護の方法としての里親制度の検討（1）」、淑徳大学短期大学部紀要委員会編「淑徳短期大学研究紀要」第二十四号、淑徳大学短期大学部紀要委員会、一九八五年

松本園子「社会的養護の方法としての里親制度の検討（2）」、淑徳大学短期大学部紀要委員会編「淑徳短期大学研究紀要」第二十五号、淑徳大学短期大学部紀要委員会、一九八六年

松崎芳伸「総論 児童政策の進路——「児童福祉」の総論として」、厚生省児童局編『児童福祉』所収、東洋書館、一九四八年、五—五〇ページ

三吉明編『里親制度の研究』日本児童福祉協会、一九六三年
水島久光『戦争をいかに語り継ぐか――「映像」と「証言」から考える戦後史』(NHKブックス)、NHK出版、二〇二〇年
村上貴美子『占領期の福祉政策』勁草書房、一九八七年
内藤光博「空襲被災と憲法的補償――東京大空襲訴訟における被災者救済の憲法論」、専修大学法学会編「専修法学論集」第百六号、専修大学法学会、二〇〇九年
中村光博『「駅の子」の闘い――戦争孤児たちの埋もれてきた戦後史』(幻冬舎新書)、幻冬舎、二〇二〇年
成田龍一『増補「戦争経験」の戦後史――語られた体験／証言／記憶』(岩波現代文庫)、岩波書店、二〇二〇年
二井仁美『留岡幸助と家庭学校――近代日本感化教育史序説 改訂普及版』不二出版、二〇二〇年
西村滋『雨にも負けて風にも負けて――戦争孤児十三万人の歪められた軌跡』双葉社、一九七五年
落合恵美子『21世紀家族へ――家族の戦後体制の見かた・超えかた 第4版』(有斐閣選書)、有斐閣、二〇一九年
荻野美穂『「家族計画」への道――近代日本の生殖をめぐる政治』岩波書店、二〇〇八年
大宮録郎『浮浪児の保護と指導』中和書院、一九四八年
大阪市社会部『浮浪児の知能検査報告――社会部報告第7号』大阪市社会部、一九四六年
酒井泰斗／浦野茂／前田泰樹／中村和生編『概念分析の社会学――社会的経験と人間の科学』ナカニシヤ出版、二〇〇九年
酒井泰斗／浦野茂／前田泰樹／中村和生／小宮友根編『概念分析の社会学2――実践の社会的論理』ナカニシヤ出版、二〇一六年
桜井厚『インタビューの社会学――ライフストーリーの聞き方』せりか書房、二〇〇二年
桜井厚／石川良子編『ライフストーリー研究に何ができるか――対話的構築主義の批判的継承』新曜社、二〇一五年
早乙女勝元『東京大空襲――昭和20年3月10日の記録』(岩波新書)、岩波書店、一九七一年
戦争孤児を記録する会編『焼け跡の子どもたち』クリエイティブ21、一九九七年
島田正蔵『戦災孤児の記録』文明社出版部、一九四七年

創価学会婦人平和委員会編『孤児たちの長い時間《とき》 戦争孤児（東京）編』（「平和への願いをこめて」第十九巻）、第三文明社、一九九〇年

菅沼隆『被占領期社会福祉分析』（MINERVA 人文・社会科学叢書）、ミネルヴァ書房、二〇〇五年

竹田俊雄「浮浪児の問題」、全国社会福祉協議会編「社会事業」第三十一巻第一号、全国社会福祉協議会、一九四八年、一―一六ページ

田間泰子『「近代家族」とボディ・ポリティクス』世界思想社、二〇〇六年

田中和男『近代日本の福祉実践と国民統合――留岡幸助と石井十次の思想と行動』法律文化社、二〇〇〇年

田中友佳子「戦後里親制度草創期における里親養育の変容――秋田県里親会連合会の発足と活動に注目して」、社会事業史研究会編「社会事業史研究」第五十三号、社会事業史研究会、二〇一八年

田中理絵『家族崩壊と子どものスティグマ――家族崩壊後の子どもの社会化研究』九州大学出版会、二〇〇四年

Tatara Toshio, *1400 Years of Japanese Social Work from Its Origin through the Allied Occupation, 552-1952*, Bryn Mawr College, 1975.（Toshio Tatara『占領期の福祉改革――福祉行政の再編成と福祉専門職の誕生』菅沼隆／古川孝順訳、筒井書房、一九九七年）

Tim Booth and Wendy Booth, "Sounds of Silence: Narrative research with inarticulate subjects," *Disability & Society*, 11(1), 1996, pp. 55-70.

土屋敦『はじき出された子どもたち――社会的養護児童と「家庭」概念の歴史社会学』勁草書房、二〇一四年

土屋敦／野々村淑子編著『孤児と救済のエポック――十六～二〇世紀にみる子ども・家族規範の多層性』勁草書房、二〇一九年

浦野茂「発達障害者のアイデンティティ」、日本社会学会編「社会学評論」第六十四巻第三号、日本社会学会、二〇一三年、四九二―五〇九ページ

山田清一郎『奪われたいのちの重さ』郁朋社、二〇〇四年

山田清一郎『俺たちは野良犬か！――それでも生きた孤児たち』郁朋社、二〇〇六年

山田富秋『フィールドワークのアポリア――エスノメソドロジーとライフストーリー』（松山大学研究叢書）、せりか

書房、二〇一一年
吉田幸恵『社会的養護の歴史的変遷――制度・政策・展望』（MINERVA 社会福祉叢書）、ミネルヴァ書房、二〇一八年
吉岡源治『焼跡少年期――私は戦災浮浪児だった』図書出版社、一九八四年
吉岡源治『さらば浮浪児 青春奮戦記』山手書房新社、一九九一年
「養護施設30年」編集委員会『養護施設30年――第30回全養研協記念出版』全国社会福祉協議会養護施設協議会、一九七八年
全国社会福祉協議会養護施設協議会調査研究部『全養協20年の歩み』全国社会福祉協議会養護施設協議会、一九六六年
坂田堯／全国社会福祉協議会乳児福祉協議会編『全乳協30年史――乳児院30年のあゆみ』全国社会福祉協議会乳児福祉協議会、一九八六年

あとがき

本書の企画は二〇一六年の夏にさかのぼる。戦後の児童養護施設の系譜を中心とする歴史社会学の専門家であり、それまではもっぱら文書資料の分析をもとに発表してきた私が「陰のフィールドワーク」としておこなってきた「戦争孤児」当事者たちへの聞き取りを研究として本格的におこなうきっかけになったのが、私的に開催していた勉強会での仲間とのやりとりだった。私は当時徳島大学に勤務していたのだが、勉強会後の談笑の時間をバディバディという飲み屋兼定食屋で過ごしているなかで本書の企画案の骨格が形になり、徐々にやるべき作業が見えてきたことがいまでも思い出される。

空襲で孤児になった人々が、その後の人生をどのように生きてきたのかという問いは、私が前作の単著『はじき出された子どもたち』を執筆していたころからの大きな問いであり、戦後史の一端を歴史社会学の視座から跡づけてきた私にとって、長い間引っ掛かってきた棘のようなものだった。とはいえ、前記の経緯をたどって開始した「戦争孤児」当事者たちへの聞き取り調査は困難を極めた。まず対象者の方々が高齢になるなかで、さらに話をしてもいいという「戦争孤児」当事者たちがいまだに少ないこともあり、調査対象者へのアクセスは当初なかなか進まなかった。また、何人かからの紹介で話を聞かせていただける方が少しずつ見つかり始めたあとの私の作業は、「戦災孤児」当事者たちが生きておられるうちに本書を刊行しなければならないという義務感との闘いだった。現に本書の調査を開始した二〇一七年以降の約四年間に、「戦争孤児」当事者の知り合いが数人亡くなった。私の調査に協力してくださる「戦争孤児」当事者たちの存在は、私にとっては常に励ましであり、また生きる督促状のようなものだった。曲がりなりにも本書を刊行まで漕ぎ着けることができ、いまは心底ほっと胸をなでおろしている。

本書は、一部を除きほぼ書き下ろしで執筆した。初出は以下のとおりである。

第1章　書き下ろし
第2章　「焦土のなかの戦災孤児、浮浪児問題――「親を亡くした子ども」をめぐる「社会表象」の変遷をめぐって」（相澤真一／土屋敦／小山裕／開田奈穂美／元森絵里子『子どもと貧困の戦後史』〔青弓社ライブラリー〕所収、青弓社、二〇一六年、五一―七四ページ）を書き直し
第3章　書き下ろし
第4章　書き下ろし
第5章　「「戦争孤児」のライフストーリー――カテゴリーとスティグマのループ」（元森絵里子／南出和余／高橋靖幸編『子どもへの視角――新しい子ども社会研究』所収、新曜社、二〇二〇年、一五七―一七四ページ）を大幅に書き直し
第6章　書き下ろし

終　章　書き下ろし

＊

本書は本当に多くの方の助力を経て形になった。まず、「戦争孤児」当事者語りの先駆者である金田茉莉さんの存在を外して本書の成立を語ることはできない。金田さんの自宅に最初にうかがったのは二〇〇八年の夏だった。そのときの金田さんとの会話はいまでも忘れられない。それから十三年間、定期的に自宅にうかがったり電話でやりとりをさせていただいたりするなかで、本当に多くのことを学んだ。

東京都中野区にある児童養護施設・愛児の家の神戸澄雄理事長、石綿徳太郎施設長、石綿裕さんにも大変にお世話になった。当時、面識もなく押し掛けた私に対して戦後直後の愛児の家の様子を聞かせていただき、また多くの資料をいただいた。

第2章の注（4）で紹介した『浮浪児1945』の作者でもあるジャーナリストの石井光太さんにもお世話になった。「戦争孤児」当事者たちのインタビュー調査を企画した段階で、その後の調査実施に際して壁にぶつかり悩んでいる私に対して、多くの情報をくださった。

『俺たちは野良犬か！――それでも生きた孤児たち』（郁朋社、二〇〇六年）の著者である山田清一郎さんにもお世話になった。主にメールでのやりとりではあったが、山田さんからは多くの貴重な情報をいただいた。

また、調査対象者になってくださった十人の「戦争孤児」当事者たちには本当にお世話になった。

話しづらい主題であり、長時間にわたるインタビューを繰り返したにもかかわらず、いやな顔一つせずに協力していただいた。原稿の段階でみなさんに見ていただいてご意見を聞いたが、多くの方から「本にしてくれてありがとう」という大変ありがたい言葉をいただいた。調査対象者の方々からの言葉が、この研究を続ける私の大きなモチベーションになった。

本書の企画は、中四国研究会での小山治さん（京都産業大学）とのやりとりが発端になっている。私のアイデアに対して「本になりますね」と背中を押してくださった小山さんの言葉がなければ本書は企画段階のままで形になることはなかっただろう。また中四国研究会の野辺陽子さん（日本女子大学）、齋藤圭介さん（岡山大学）にも大変お世話になった。本書の原稿は毎月の研究会で少しずつ発表し、コメントをいただいたものが基礎になっている。

また本書全体のアイデアは、『子どもへの視角』に寄稿した論文がベースになっている。この本の編者である元森絵里子さん（明治学院大学）、南出和余さん（神戸女学院大学）、高橋靖幸さん（新潟県立大学）はじめ、子ども社会学研究会のメンバーからは本書のベースになる原稿に対して多くのコメントをいただいた。感謝を申し上げたい。

さらに、それまで主に文書資料の分析を専門としてきた私が質的研究に本格的に取り組み出したのは、前職の徳島大学での経験が大きい。特に上野加代子さん（現・東京女子大学）、樋口直人さん（現・早稲田大学）、矢部拓也さん（徳島大学）には大変お世話になった。

なお、本書は、私が現職の関西大学に二〇二〇年に異動してからの初の大きな仕事になった。日頃から大変お世話になっている関西大学社会学部社会学専攻の同僚の先生方にお礼を申し上げたい。

また、本書が少しは読みやすい構成になっていて、書籍としてのクオリティをいくぶんかでも担保できているとすれば、それは青弓社の矢野未知生さんのおかげである。矢野さんとはこれで四度目の仕事になるが、毎回原稿に対する綿密な分析と書籍化に際して多くの有益なコメントをいただき頭が下がる思いである。

最後に。本書の執筆が何とかゴールまで辿り着けたのは、妻・佑可子に負うところが大きい。佑可子からは私の執筆時間を確保するために様々な配慮を受けた。さらに、毎日少しずつ進む私の原稿の最初の読者でもあり、毎回多くのコメントをもらった。また本書の準備中に娘・茜が生まれた。コロナ禍での出産だったこともあって右往左往の連続だったが、娘の出産が子どもや育児をめぐる主題をあらためて考えるきっかけにもなった。お礼を言いたい。

二〇二一年八月　大阪府吹田市の自宅で

［著者略歴］
土屋 敦（つちや あつし）
1977年、神奈川県生まれ
関西大学社会学部教授
専攻は歴史社会学、福祉社会学、子ども社会学
著書に『はじき出された子どもたち――社会的養護児童と「家庭」概念の歴史社会学』、共編著に『孤児と救済のエポック――十六〜二〇世紀にみる子ども・家族規範の多層性』（ともに勁草書房）、共著に『多様な子どもの近代――稼ぐ・貰われる・消費する年少者たち』（青弓社）、論文に「「保護されるべき子ども」と親権制限問題の一系譜――児童養護運動としての「子どもの人権を守るために集会」（1968－77年）」（「子ども社会研究」第23号）など

「戦争孤児《せんそうこじ》」を生《い》きる
ライフストーリー／沈黙／語りの歴史社会学

発行――2021年11月25日　第1刷
定価――2400円＋税
著者――土屋 敦
発行者――矢野恵二
発行所――株式会社青弓社
〒162-0801 東京都新宿区山吹町337
電話 03-3268-0381（代）
http://www.seikyusha.co.jp
印刷所――三松堂
製本所――三松堂

ISBN978-4-7872-3500-8　C0036